果壳 Guokr.com
谋杀 · 现场 · 法医

让
一部分人
先
法医起来

果壳
Guokr.com
著

ZHEJIANG UNIVERSITY PRESS
浙江大学出版社

目录
Contents

1 一枚指纹，一滴血

指纹检测：看不见也能刷出来 003
指纹分析：你是个爱抽烟的胖子，还用过避孕套 009
指纹检测：死人还变形，怎么按手印 013
指纹侦查：抹掉指纹就可以为所欲为吗？ 019
指纹发展：和人体测量学的激烈竞争 025
血迹分析：血迹里能看到什么？ 035
血迹分析：一滴血里的年纪和头发 040
血迹检测：藏在相机后面的血迹 044

2 身体不说谎

耳纹：你无法挡住生物计量学 049
头发：很细但容量很大的信息储存器 052
声纹：你不认得我，但我认得你的声音 057
牙齿：最顽固的证据在你嘴里 062
脏器损伤：解剖学定位了再下手？ 066
勒痕：上吊不一定是自杀 070
内外伤：爆炸会把人炸成什么样？ 073

尸体：车祸的损伤无法伪造 077
尸体：真被烧死还是假焚尸 082
尸体：突发性心脏病只是一种可能 085
尸体：内脏慢慢消失了 088
尸体：溺水的尸体会说话 091
尸体：真化成灰了还能检吗? 097
尸检：剪刀、锤子、电锯 100
细菌：又一个独一无二的特征 110
尸检：给溺死的苍蝇做次尸检 114

3 法医基础培训

性别：从骨骼鉴定性别 121
身高：从骨骼看身高 128
年龄：从骨头看年龄 135
面部重构：重造一张脸可能吗? 143
法医学：法医是怎么炼成的 147
法医学：法医勘查箱里的秘密 151

4 断案利器

罗卡定律：凡有接触，必留痕迹 165
子弹：一颗子弹能写多长的故事 172
花粉：屠杀的证据很微小 175
枪支：扳机一扣，证据一堆 178

子弹：橡皮子弹也致命　181
子弹：用冰做一颗会消失的子弹　186
车痕：轮胎痕迹最诚实　191
DNA：坎坷的取证追凶之路　197
DNA：毛毛雨做安防　202
昆虫：法医玩昆虫的必要性　206
昆虫：能告诉你死亡时间的小生物　210
取证：性侵犯里的蛛丝马迹　215
测毒：银针可以测毒吗？　220
远程控制：心脏起搏器可以远程杀人？　223
下水道：暗中抛尸的难度　229
通风系统：来去自由的神话　234
电梯：电梯八大保护系统　241
嗅探犬：能闻出光碟的好帮手　247
面部识别：怎么断定本·拉登已死？　250

5　看不见的秘密

心理学：一个人的犯罪模式　257
地理测写：连环杀手和传染病的相似性　261
犯罪脑：如果天生是罪犯　266
法医素描：用画笔寻找记忆的碎片　270
模式：连环杀手的“死亡签名”　275
背景调查：“解剖”乔布斯　280
审讯：“温柔地”打开你的口　286

一枚指纹，一滴血

看不见也能刷出来

/万恶的星期二　苏木七/

曾经的侦探故事里，经常以“血手印”来介绍现场、营造悬疑气氛。现在这种情节就少多了，大概是因为现在的技术手段已经可以提取和对比各种指纹，很多犯罪分子已经“学会”避免这种低级错误了。不过即便是不那么明显的手印，法证人员也可以把罪案现场的指纹尽可能都提取出来，无论看得见的还是看不见的，或者专业点说，无论是可见的、可塑形的，还是潜在的。即便在 DNA 技术飞速发展的时代，指纹也一直都是识别身份、推断案情的重要手段之一。

可见的指纹，是指当一个人手上沾了血或其他物质，再触摸其他地方(比如门把手、刀柄、汽车方向盘)时，在上面留下肉眼可见的指纹。

可塑形的指纹是当一个人接触比较柔软的表面时留下的指纹，比如在泥土、肥皂或者蜡的上面印出一个明显的指纹纹路。

至于潜在指纹，是指那些肉眼看不见的指纹，它们是由手指上微小汗腺的分泌物组成的。这些分泌物中绝大部分是水(98.5%)，其中溶有很少量(1.5%)但种类繁多的固体物质。这其中的某些物质虽然含量极少,但非常重要,因为它们就是某些特殊化学反应所探测的目标,通过反应从而显现出指纹。

这三种指纹中,潜在指纹最不容易辨别,却也是法证人员最常面对的。还好现在人们发明了很多办法来处理这些指纹,让它们变得可见。最主要的三种是:粉末测试、化学测试和光学测试。

粉末测试

粉末测试是最常使用的方法。像电视剧里演的那样,法证人员先用一把纤维很细的刷子沾上粉末,然后用刷毛非常轻柔、非常轻柔地在测试表面进行刷扫,让指纹沾上粉末显形。这个过程需要特别小心,力量稍大就会把指纹蹭坏了。

为了刷出来的指纹足够清晰,可以跟背景做对比,这种粉末有很多种颜色可选:黑色、白色、灰色、红色等,通常来说黑色和灰色用得最多。

除了用普通粉末,还可以用铁粉。把研磨得极细的铁粉撒在指纹上,然后用磁铁棒来回移动,大部分铁粉会被吸取,指纹上的汗液等物质会黏附住一些铁粉,这些粉末慢慢地沿着指纹线排列,就显出了指纹的形状。

如果这个指纹黏在枪、刀或者其他可携带的物件上面,法证人员就会把它作为物证带回实验室。但如果指纹印在一个带不走的表面上,比如墙或者窗户,就只能再用胶带把它复制下来。看过很多罪案类美剧的影迷们对这个过程应该都了如指掌。

不过这两种粉末测试都是当指纹印在干燥表面时的处理方法，如果表面潮湿，传统的粉末就没效果了，得用其他分析方法。

在目前所用的各种粉末测试中，真空金属沉积法（VMD, vacuum metal deposition）是最灵敏的方法之一。首先将要测试的物体，比如一把枪，放在一个密闭容器里，然后抽真空；然后把少量的金属金蒸发进容器中，这些金就会在枪的表面铺上一层很薄但完全覆盖的金粉；接下来再把少量金属锌蒸发进容器中，锌粉也会在物体表面覆盖并铺满一层，但由于指纹汗腺分泌物排斥锌，所以它绝不会黏在指纹上，于是最后看到的效果，就是在一层白色的锌粉上显现出一个金色的指纹。

真空金属沉积法还被用在粗糙有孔的织物表面。苏格兰的科学家发现，金蒸气接触到织物时不但会附着在表面，还可以透过这层屏障，潜入指印内部，而不会附着在指印表面。而锌蒸气只会和指印外的金聚集体亲近凝集，而不会附着在表面，这样就形成了一副类似底片的指纹图谱——有指印的地方呈现织物的本色，而其他地方呈现金和锌混合的灰色。虽然实验证明，这种办法用在粗糙衣服表面的效果并不尽如人意，但即使是指纹轮廓也能有助于案情的推断。

粉末测试听起来非常普遍，但指纹提取过程其实是一个复杂的程序，远没有电视上随便刷刷那么简单。比如说，指纹上必须有足够的汗腺分泌物，至少 500 毫微克（十亿分之一克）。也就是说，这个作案人肯定没戴手套，而且也像侦查人员希望的那样，因为紧张或别的原因而出汗。要是他心理素质特别好，现场没留下那么多分泌物，就得用更灵敏的化学测试了，只要 100—200 毫微克就行。

另外，粉末测试通常只能用于比较光滑的、不吸水的表面，比如玻璃、瓷砖等；要在能够吸水、能够渗透的表面，比如纸张、木头、皮革上面得到指纹，就得用化学方法。

化学测试

化学方法也是很常用的，比如硝酸银、碘熏、强力胶等。

硝酸银是一种非常古老的探测指纹的方法，原理是硝酸银可以和汗腺分泌物中的氯离子发生反应，显出一种灰色的图案。但这种图案不能长时间保存，容易变模糊，所以这种方法现在用得少了。

碘熏法也很常用，让碘蒸气与汗腺分泌物中的脂肪酸发生反应，会产生一种褐色的物质。跟硝酸银一样，这种反应是可逆的，褐色的证据也很容易分解、消失，不过只要再加入另一种试剂，比如淀粉溶液，就可以把显现出来的指纹固定住并且长时间保存下来。

强力胶也是一种很好用的方法。在一个封闭的容器中加入几滴强力胶水，把它加热成蒸汽，就很容易黏附到指纹中的油性物质上，形成一个白色的指纹图案。要检测凶器表面如玻璃、塑料、橡胶和皮革这种无孔物体上的潜在指纹，常用这种方法。

取得指纹之后，要作为可以拿到法庭上的证据，还必须将其固定下来。一种常见的方法是将指纹印转黏到白纸上，另一种则是相机拍照。

光测试

除了粉末和化学方法，光测试也是一种很神奇的方式。有时候，只要用更强的光源从某个特定的角度照射，就可以显现出原本看不见的指纹了。

另外，除了拿强光来照，潜在指纹在某种特定的光线(比如紫外光)下，其实会自己发出荧光，这样它就变得更加清晰可见了。科学家发现，氩激光器产生的激光最适合测试指纹，而后又发现，其实激光并不是产生荧光所必不可少的条件，普通光源只要足够强烈，也可以使指纹发出可见的荧光。这种诱发潜在指纹荧光性的高强度光源被叫作法医学光源或者多波段光源。

自己试一试?

上面说的这几种方法中，粉末法是完全可以自己在家尝试的，你也可以体会一下电视剧里的侦查手段。

你需要准备一把小刷子(眉刷或腮红刷都可以)、胶带纸、小剪刀、纸板、铅笔，当然还要一个赤手拿过的杯子，如果你因为兴奋而手心出汗就更好了。

先把铅笔削一点粉末下来，粉末越细越好，通过其他渠道制作的很细的墨粉也可以；然后将一小撮粉末轻轻洒在杯子表面，用小刷子顺着一个方向轻轻刷掉。

在大部分粉末都被刷掉之后，就能看到一个黑色的指纹印留在杯子表面，用胶带纸黏一下转贴到纸板上，一个指纹样本就被提取好了。

你是个爱抽烟的胖子，还用过避孕套

/Kenny/

指纹一直都是法证人员的最爱,为了能让指纹发挥更广泛的作用,他们从没有停止对指纹鉴识手段的深入研究。最近几年,英国的几位法医科学家更进一步从指纹中“发掘”出了新的证据:通过实验,可以判断指纹所有者是否吸烟,是不是过度肥胖,甚至是不是用过避孕套。

指纹也是物质的交换

凡有接触,必留痕迹,这就是著名的罗卡定律(Locard Exchange Principle,Locard's Theory),由法国法医学家、犯罪学家埃德蒙·罗卡(Edmond Locard)创建。这也是各种侦查手段遵循的法则,而“痕迹”就是物质的转移或交换。

指纹检测的内容也正是这种痕迹。犯罪现场的指纹里,除少量的“血印”和在柔软物质上按压出来的手指纹路外,大部分可鉴识的指纹其实都是“潜伏指纹”,也就是手指分泌物,比如汗液和皮屑等物质转移到其他物质表面所遗留的痕迹。这类指纹一般无法被肉眼发现,但是通过一些特定的鉴识方法就可以让它们“显形”。

通常来说,指纹印本身具有身份比对的意义;除此之外,现代技术则可以通过这些分泌物揭示更多个人特征。

分泌物暴露了你的生活习惯

英国东英格兰大学(University of East Anglia)的法医学专家大卫·罗素(David Russell)曾在2006年提出过一个理论,认为吸烟者的汗液里会分泌可替宁——尼古丁的一种代谢产物,因此,法证人员可以通过检测指纹中是否含有可替宁,来判断指纹所有者是否吸烟。

一年之后,罗素推出了一套可操作的调查系统,这个系统的操作过程十分简单:首先将指纹上涂上一点富含可替宁抗体的纳米粒子,让它们发生反应,然后加入含荧光的抗体将第一步中的抗体染色。如果指纹中确实含有可替宁的话,通过荧光摄影手段就可以检测出来了。此外,罗素还在研究针对吸毒者和酗酒者的对应试剂盒,不久的将来,我们就可以快速检验指纹主人的生活习惯了。

除了吸烟之外,另一位英国的法医学家约翰·邦德(John Bond)还提出,指纹分泌物还可以帮助警方了解所有者的饮食习惯。邦德认为,那些常吃罐头食品和垃圾食品的人,汗液中的盐分会比较高,这也会体现在指纹中。如果指纹中测出了很高的含盐量,那么主人可能就吃得不太健康,对判断他的体型也很有参考价值。

再有"内涵"的习惯也逃不过指纹

越来越狡猾的犯罪分子为了避免自己的痕迹留在现场，也开始各有防备。很多性犯罪者畏于法证科学的威力，开始在犯罪时使用避孕套，企图保护自己的DNA。但他们想不到的是，DNA可能查不到，指纹却能揭露更多信息。

英国谢菲尔德哈莱姆大学(Sheffield Hallam University)的研究者发现，在性犯罪过程中使用避孕套的时候，犯罪分子的手指会接触到避孕套所含的润滑剂以及受害人的阴道分泌物，这些成分也会随手指与其他平面的接触而转移——形成"拿过避孕套的指纹"。

对于这种指纹，西蒙·弗兰切塞(Simona Francese)博士用基质辅助激光解吸电离质谱分子成像技术(MALDI-MSI)给了那些犯罪分子当头一棒。MALDI-MSI是一种通过测定质荷比来分析生物分子的标准分子量的新技术。也就是说，法证人员可以通过这种成像技术来分析指纹中所含的分子特征，从而断定指纹中是否含有某些润滑成分。

在实验中，弗兰切塞博士的研究组已经可以成功地从指纹中识别出两种最常见品牌的避孕套润滑成分。更了不起的是，这些指纹并不需要是"新鲜的"，几周以前的也一样可以分析。这样，通过对比从指纹中识别出的避孕套润滑成分和受害者体内的避孕套润滑成分，就可以判断这个指纹的所有者是不是曾接触过安全套，也间接证实他是否曾对被害人实施性侵犯。

当然,对于大规模销售的安全套而言,这种证据还存在着巧合的可能性。研究小组希望,这种技术以后不但可以判断指纹拥有者是否使用过避孕套,还可以直接判断出他用过的避孕套的品牌。

指纹分析技术的深入不断地呈现罗卡定律的精确。犯罪分子总会留下点"痕迹",于是也给法证人员留下了线索。而且,这不仅是法证科学的福音,生物科学也一样受益。指纹分泌物可以展现这么生动的一个人,让人感觉靠一个细胞重建整个人的时代都不远了。

指纹检测

死人还变形，怎么按手印

/Kenny/

粉末测试看起来既方便又实用，但限制条件也很明确：指纹得先存在。但尸体们却不会乖乖地排成队去按指纹鉴定仪，所以怎么给死人（甚至是已经腐烂的尸体）取指纹也就成了验尸官们经常要面对的问题了。

简单来说，既然不能指望死人们自己去“按手印”，我们就得帮他们按，就算他们的手僵硬得掰不开，就算已经濒于腐烂，万能的验尸官也自有一套办法。

墨水印儿

按手印儿取指纹，这方法听着挺土，不过真操作起来还是既简单又可靠的，只不过不是用印泥，而是用墨水。墨水本身并不特殊，但是为了方便，验尸官们通常使用水平滚轮状的墨水刷。

他们会把一具尸体的手拎起来，然后拿小刷子沾点墨水在手指上涂满，按在准备好的一张厚的指纹证据卡上，也就是你会在电视剧里看到的那种准备好了的一排五个手指印位置的卡片。

当然，每次涂墨水也比较麻烦，所以可以用一块墨水板（其实就是印泥)来给手指上色。

粉末印

给尸体按手印,也不能少了指纹粉。指纹粉就是前篇介绍的粉末测试用的粉末,不但法证人员需要它让隐藏的指纹显形,验尸官也很需要。

粉末法不但方便,而且对已经干尸化的尸体尤其有效。法医会先拿一个粉扑把指纹粉擦在尸体的手指上,然后拿小刷子把多余的粉刷掉,再拿剪刀剪 10 个手指大小的胶带,逐个慢慢地按在手指上,然后慢慢地揭下来。如此不需要干燥光滑的"表面",就可得到真实的指纹。对于那些已经干得缩起来无法直接提取指纹的尸体,法医实验室里的技术人员可以将其重新水化,再提取指纹。

有的变干,有的腐烂

当然,很多情况下给尸体按手印可没那么容易。人体在死亡后会变得很僵硬,皮肤甚至会开始脱落,所以需要动用另一些小工具来处理。

对于出现尸僵的尸体,法医要耐心给尸体的手掌按摩,帮助它的关节舒展开来。有时候尸体也会很调皮,你一拉开,它就弹回去了,再拉开,又弹回去了……法医干的也是体力活啊。要是能找个人替你按也挺不错的,不过法医学可是技术含量很高的科学,法医们也有各种小工具帮手,比如"手指拉伸器"。把尸体的手指穿过一个V形的金属片，在背后用手掌均匀用力按压，手指就能被迫张开了。

要是僵到手指拉伸器也拉不直了，就只好直接拿骨剪把手指给剪下来了，还好这种情况其实不是很常见。

在某些腐烂的尸体上，手的最外层皮肤已经脱落。这时除了把带有指纹的那一小块剪下来以外，还可以把你的手指伸进那层脱落的皮肤里，把指纹撑开，帮“死皮”按个手印。有时候运气不好，法医甚至必须将尸体的整个手掌表皮取下来，把自己的手撑在里面按指印，整个过程就像法医戴了一双“真皮层手套”。

如果是遇到手掌已经脱水萎缩了的干尸，法医可以先用温水浸泡尸体的手掌，促使其皮肤舒张开来；再不行还可以往指肚里注射液体石蜡使其膨胀，便于按指纹。（不过，这种方式得到的指纹常常会有些微的变形，比对时需要额外注意。）

当然，这些只是最简单的尸体指纹采集方法。由于尸体经常会出现各种状况，比如腐烂、泡水、损坏……都会给取指纹的工作带来很大的困扰。但只要手指皮肤的真皮乳突花纹尚未被破坏，就还有获得指纹的希望。比如可以把真皮和表皮剥离开来，然后拿真皮层用120℃的猪油炸两三分钟，这样软组织就会皱缩，让乳突线更加突起，便于识别。之后用乙醚轻轻洗掉猪油，晾干，就可以用常规的方法提取指纹啦。

不过要注意的是，这些涉及改变尸体手掌形态的检验，一定要留到最后再做，并且要注意先拍照固定，因为这么一来，一些微量的物证可能就会被破坏了。

总体来说，给死人取指纹还是越快越好，不然等手指彻底烂掉，指纹也就没处寻了。

给活人按指纹，也不简单

活人通常比尸体要配合得多，但给活人按手印，其实也是一个相当有技术含量的工作。

每个人的手指都可以看成近似圆柱体，指尖则是一个半球体。而指纹卡片，当然是一个二维的平面，按指纹的过程就是把三维的手指纹路投影到二维平面上的过程。

用数学术语来说，就是要改变指尖的高斯曲率——就像你要把一个橘子皮踩扁，它就只有裂开才能平铺在地上。所以，取到的指纹就一定会出现不同程度的变形。

然而，在犯罪现场或凶器上提取到的指纹，由于嫌疑人抓握物体的方式不同，指纹产生的变形也不同，想要以此和指纹卡上的指纹做个比较，就存在着一定的误判风险。为此，各国司法机关都规定了按指纹的标准操作（拿着留指纹人的手指，正中用力按下去，先往左边滚一下，再往右边滚一下，留下的指纹印就像是方块形的），往往还会要求同时取手掌水平按压时的指纹，作为比对。

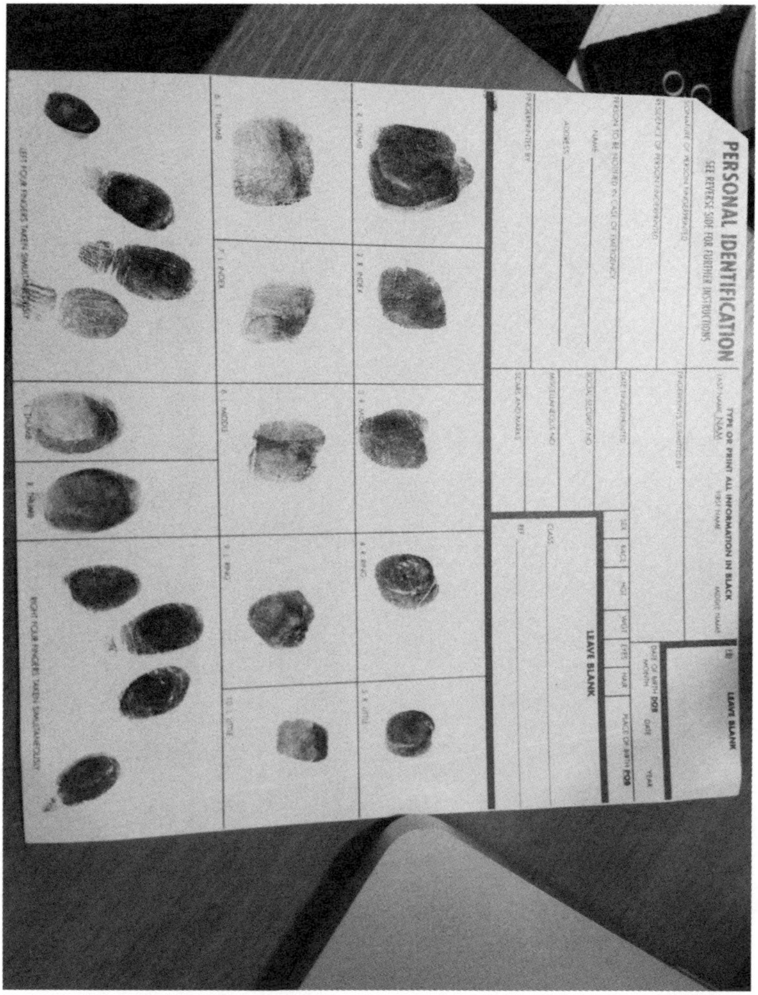

指纹卡上的两种按指纹方式——杨小残

比如,在“口红杀手”威廉·黑尔伦斯(William George Heirens)受审时,辩护律师就曾指出,现场取到的指纹不对头,太过平整,简直像是在警察局的墨水台上取到的指纹样本，暗指警方涉嫌伪造证据，不过最终并未被法庭采纳。

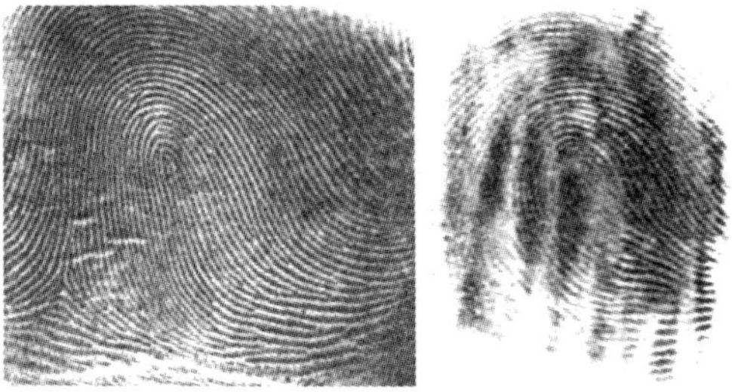

黑尔伦斯案的指纹（左边为警察局档案中的留底，右边为据说犯罪现场所留）

指纹侦查

抹掉指纹就可以为所欲为吗?

/馒头老妖/

对现代刑事侦查和法庭科学而言,指纹技术的重要意义是不言而喻的。无论是作为追查罪犯的线索,还是作为法庭审判时的证据,其科学性、可靠性、可重现性都为世界各国普遍认可。

指纹识别技术如今已经相当成熟,除了在一些侦探小说和电视剧中,已经很少有人试图“抹掉”自己的指纹。但在20世纪30年代的“犯罪风潮”中,还真有不少人这么干过。

“没有”指纹的全民公敌

这些以身试法的人中,就有一位美国的“全民公敌”约翰·赫伯特·迪林格(John Herbert Dillinger)。在躲避BOI(FBI前身)的追捕过程中,他曾经找到一名地下医生要求整容——而在连盘尼西林都还没应用的1934年,这显然是无法完成的任务。在经过了剧痛和休养后,拆开纱布的迪林格发现自己的外貌压根就没变!郁闷的他差点直接毙了那个医生,而后者也许是为了保命,提出来给他做另外一个手术——抹去他的指纹。

这是个相当有创意的想法,迪林格欣然从命,不过这过程比整容还要痛苦:医生用强酸腐蚀了他的指尖。剧痛之后,他的指纹果然一片模糊。数月后,迪林格被 BOI 探员击毙,在验尸过程中,指纹问题的确曾给探员们带来了不小的麻烦。

实际上,在迪林格之前,就有人动过这个脑筋了。1934 年,当绑架勒索案的嫌疑人“漂亮杰克”卡鲁塔斯(“Pretty Jack” Klutas)在芝加哥被击毙后,探员们惊讶地发现,他的尸体上居然没有指纹。此事甚至惊动了胡佛局长本人,他迅速指派了皮肤科专家前去检查。不过,法医很快就发现问题并不严重:原来,即便物理地去掉位于指端表皮层之后的指纹,其真皮层中的乳突纹线依然存在,同样可以与原有的指纹样本比对而确定其身份。对于迪林格而言,结果也是一样的:他勇敢的尝试并没有难住 BOI 的探员们。

你的指纹,能消失吗?

在 20 世纪 30 年代做过类似努力的,还有另一位悍匪阿尔文·卡尔皮斯(Alvin Karpis)。他选择的方式是外科手术,切除手指指端的表皮层。当然,这种方式也没能解决问题:当表皮层表面的指纹被磨去之后,表皮深层的基底层细胞会快速繁殖,补充表皮组织上的缺损,而新长出来的指纹和之前完全一致。简单说,就是白忙活了。

而帮他做手术的,是著名的黑帮医生约瑟夫·莫兰(Joseph P. Moran)。莫兰原本立志做个悬壶济世的好医生,但因为酗酒而惹出不少麻烦,诊所开不下去了,只好从事一些非法的手术,后来干脆做起了芝加哥地下世界的专职医生。除了取子弹、缝伤口之类的简单医疗服务，他还勇敢地进行了整容和磨削指纹的尝试，许多黑帮分子都是他的病人，如迪林格、汉密尔顿等。不过，莫兰医生后来酒后失言，让卡尔皮斯等人意识到他掌握了太多的秘密，被残忍灭口；另一种说法则是卡尔皮斯因为对指纹手术的效果大为不满，一怒之下杀死了他。

虽然上面几位黑帮老大的尝试都不大有效，但是在这些失败的尝试之后，还是有成功抹去指纹的案例。1941 年 10 月，高速公路巡警在德州奥斯汀(Austin)拦下了一位身份不明的男子，此人无法出示任何证件，更令人惊讶的是，他完全没有指纹，指端只有一些浅浅的伤痕而已。很显然，这个自称罗伯特·皮茨(Robert Pitts)的人有重大的作案嫌疑，但没有指纹又不知其真实姓名，该如何确认他的真实身份呢？

FBI 随即调动所有资源，让全美各地的分部及地方警察部门通力协作，根据这个皮茨先生的体貌特征(30 多岁、瘦、高、白人、金发、蓝眼睛)开始了排查。考虑到此人费尽周折去掉指纹，脸上还有整容手术留下的痕迹，极有可能是有案底在身，所以排查的重点就放在了有前科的人员之中。很快，在排查了近 2.5 万人之后，一个体貌特征与历史背景都很符合的人浮出水面：罗伯特·菲利普斯(Robert J. Phillipphis)，此人曾在弗吉尼亚因偷车等罪名多次被捕。

调取了菲利普斯当年坐牢时留下的指纹样本后，FBI 总部的专家将其与“皮茨”手指上残留的指纹特征点加以比对，终于确认了他的真实身份就是菲利普斯。这个案件实属罕见，以至于时任 FBI 局长的胡佛为此亲自撰文在杂志上报道了此案。

随后，FBI 还查到了为他实施指纹切除手术的人，是一位名叫利奥波德 · 勃兰登堡(Leopold W. Brandenburg)的新泽西州医生，他吸取了前人那些失败的教训，在切除菲利普斯指端的皮肤后，从其胸部取下了若干小块的皮肤移植到指尖上，从而解决了乳突纹线重新生长出来的问题。不过，由于证据不足，FBI 最终并未能起诉勃兰登堡医生。

指纹没有，掌纹来顶

进入新世纪之后，随着 DNA 技术的发展，指纹鉴别的意义有所下降，刻意抹去自己指纹的事情变得很罕见了，但也时有发生。2010 年，美国波塔基特市(Pawtucket)警方抓获了一名使用伪造证件的非法移民，但却发现其指纹已经被手术消去。然而，发达的法医技术却让他的举动失去了意义。警方通过计算机比对掌纹系统，迅速查清了他的身份：他叫做罗伯特 · 卢西亚诺(Robert Cordero-Luciano)，曾在 2006 年因毒品犯罪入狱。

同样，在 2002 年发生的“绕城公路狙击手”(Beltway Sniper)案件中，关键线索同样是来自其中一名嫌疑人留在现场的一本杂志上的大半个掌纹。

现在，各国司法机关普遍都要求嫌疑人、罪犯在按指纹的同时也留下双手掌印，并上传至全国性数据库。掌纹同样是独一无二的特征，这不仅让警方确定了卢西亚诺的真实身份，也让抹去指纹的举动失去了意义。

另外，其他一些意外情况，也可能导致指纹的丧失。《卫报》就曾报道过，一个因使用化疗药物卡培他滨(Capecitabine)而导致指纹消失的肿瘤患者在机场被意外扣留的新闻。

在抹去指纹之外，还有一种更奇特的想法：伪造指纹。2009年，日本警方在查处一起使用虚假证件非法移民的案件时，发现涉案的Rong女士的手指上有手术的痕迹，最后惊讶地发现她竟然经过了手指皮肤移植手术：将自己左手指间的皮肤切下，移植到右手的相应手指上。这样，当她再次进入日本时，就不会因为自己曾经的非法入境记录被拒之门外了。

日本边检部门还曾查获过另一类伪造指纹的案例：在手指上套上带有他人指纹的特制硅胶薄膜指套。虽然这很容易被人一眼看穿，但骗过指纹自动扫描装置却并非不可能。对于这些新型的指纹伪造行为，目前尚无很好的解决之道，增加其他生物智能识别技术(如虹膜识别、人像识别、耳廓识别等)可能是未来的发展方向。

不过，尽管有了这些抹去指纹、伪造指纹的案例，指纹作为每个人独特的生物学特征，依然拥有稳定、可靠的特点，鉴别技术相对于DNA比对也更快速、廉价。再加上各国都在大力开展全国性指纹数据库的建设，可以预计，在未来的刑事侦查等领域，它依然会是司法机关极其重要的刑事科学工具。同时,掌纹、指节形态等其他生物学特征的搜集、鉴定技术也正逐步得到重视,即便嫌疑人费尽心机改变了指纹,也依然难逃法律的制裁。

指纹发展

和人体测量学的激烈竞争

/苏木七　馒头老妖/

任何观念和技术的兴起与发展都不会一帆风顺。当 DNA 鉴定之父阿列克·杰弗里斯(Alec Jeffreys)最初提出 DNA 可以鉴定强奸犯时,许多人认为他疯了。而指纹技术的发展也是一波三折,我国古代就有签字画押之传统,利用指纹进行个体识别;而在西方,直到 19 世纪人们才意识到指纹的个体鉴定和刑侦价值。

先驱:总是会悲剧

在欧洲,将指纹应用于犯罪学的第一人当属威廉·詹姆士·赫歇尔(William James Herschel)。他出生于英国一个显赫的天文学世家,他的祖父是被誉为"恒星天文学之父"的威廉·赫歇尔——曾用自制的望远镜发现了天王星以及土星的两颗卫星,在恒星观察领域拥有卓越的成就。小赫歇尔的父亲也是天文学家,同时还涉猎数学、化学、摄影、植物学等诸多领域。

不过,小赫歇尔并未子承父业成为一名天文学家。或许由于家族的天才基因,他没有甘于平庸。他意识到指纹的独特性和不变性,或许能被用于个体识别。为了验证这一想法,他甚至拿自己做实验——用化学溶剂损毁自己的手指后，新长出的指纹还是和原来一样。

1853—1878年，小赫歇尔在英国当时的殖民地印度当公务员。从1858年开始，在他管辖的辖区内，小赫歇尔开始了“不安分”的尝试，如签署合同时需按指印；领取养老金时由收款人按上指印，以防冒领；犯人在收押进监狱前，也要收录指纹，以免审判时将犯人的身份弄错。

通过这样的方式，小赫歇尔在20年间收集了几千份指纹，为后来的研究提供了科学依据。1877年，他给孟加拉邦的官员写信，希望《指纹法》能得到更广泛的应用，却遭到拒绝。1878年，在他回到英国后，仍然心有不甘，继续进行指纹识别的相关研究，并于1880年在《自然》杂志发表了文章，介绍了自己在印度的工作。

无独有偶，当时还有一个英国人——亨利·福尔茨（Henry Faulds），也发现了指纹的重要性。他在日本东京的一家医院工作，收集了许多人、甚至猴子的指纹样本进行研究。1880年，他同样在《自然》上发表了一篇文章，提出可以利用犯罪现场的指纹来识别罪犯以及使用墨水来采集指纹，这篇文章比小赫歇尔的文章早1个月。1886年，他回到英国，向英国警察部门苏格兰场提交了一份报告，建议将指纹用于刑侦——和赫歇尔的遭遇类似，这份提议同样被忽视了。

先驱总是有不被赏识的寂寞，而如果先驱们开始互掐，就更悲剧了——后来福尔茨和小赫歇尔两人间起了争议，他们都认为自己才是“第一个提出关于建立犯罪指纹档案建议的人”。不管怎么说，两人的工作都很重要，为后来的高尔顿—亨利指纹分类研究奠定了基础。

竞争对手：人体测量学

当指纹技术正处于摇篮期时，却出现了强大的竞争对手——人体测量学，这是由巴黎警官阿方斯·贝迪永（Alphonse Bertillion）提出的一种识别理论。人体测量学的基本原则是：每个人的骨骼结构和尺寸都不一样，并且从 20 岁起，人的骨骼几乎保持不变。据此，贝迪永建议测量身高、坐高、臂长、头长、头宽、耳长、耳宽、左中指和左小指的长度、左脚长度等数十项指标，来区分个体。

1882 年，人体测量学在巴黎警察局被推广使用，并且在接下来二三十年时间内，被欧洲各国家广泛采用。这无疑大大阻碍了指纹技术的发展，贝迪永也因此一举成名，这一套测量系统被命名为贝迪永系统。

后来居上

虽然指纹技术一直没有得到重视，但革命的火种并没有熄灭，仍有相当多的人们前仆后继地继续探索这一领域，其中包括英国的弗朗西斯·高尔顿（Francis Galton）爵士、爱德华·亨利（Edward Richard Henry）警官以及阿根廷的胡安·武塞蒂赫（Juan

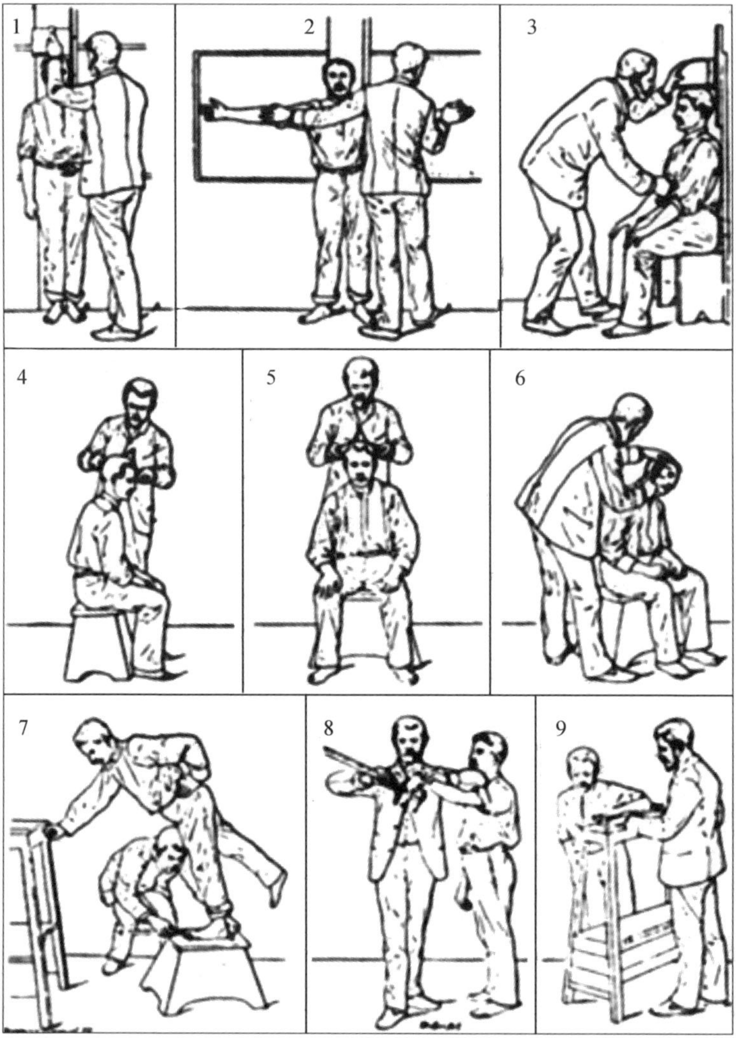

人体测量程序

Vucetich)警官。

两位指纹鼻祖之一的福尔茨曾给当时的学界大牛达尔文写信介绍他的工作，不过由于达尔文年老体衰，无法再从事研究，他将信息告诉了自己的表弟高尔顿。高尔顿是一名杰出的人类学家、心理学家、优生学家和统计学家(又一个多才的天才)，他提出了许多统计学上的重要概念，如标准差、相关性和回归分析等。

自从了解到福尔茨和赫歇尔的工作后，他对指纹学表现出了浓厚的兴趣，开始了长达 10 年的研究，成就不菲。应用强大的统计学知识，他计算出两个人有相同指纹的概率是六百四十亿分之一。此外，他还对指纹进行了分类，为指纹分析建立了数学模型，1892 年出版的《指纹》一书详细记录了他的工作。

福尔茨只是提出指纹可用来破案，高尔顿则给这一提议提供了详实的理论依据。而真正将指纹技术推广使用，得归功于爱德华・亨利警官。

亨利于 1891 年开始在印度孟加拉地区担任警察总监一职。他和高尔顿交情不错，两人就利用指纹辨别罪犯一事曾写信交流。由于赫歇尔的工作，当时指纹在印度使用比较广泛，不过主要用于官方和商业用途，类似中国的签字画押，而在犯罪学这一领域用之甚少。1896—1897 年间，亨利和他的两个下属在高尔顿的研究基础上，开发了一个指纹分类系统，即后来大名鼎鼎的高尔顿—亨利指纹分类系统。1901 年，该系统被引入伦敦警察厅，并很快在其他国家推广开来。

又一个无独有偶。阿根廷警官胡安·武塞蒂赫同样受高尔顿启发,将指纹技术和贝迪永人体测量学系统结合起来用于识别和刑侦。1892 年,他创办了世界上第一个指纹局,同年利用指纹技术首次成功地破获了一起案例:一个名为弗朗西斯卡·罗哈斯(Francisca Rojas)的女人残忍地将她的两个儿子割喉杀害,同时造成自己受伤的假象,并诬陷自己的邻居。不过警方最终在现场找到了她的指印,揭示了真相。

不靠谱的测量学

在指纹技术和人体测量学二分天下之时,两者的差别慢慢显现了。人体测量程序繁琐,耗时过久,而指纹法则大大节省了时间。此外,指纹法证实的累犯的案件数目也比人体测量法多得多。

1903 年在美国堪萨斯州发生的“两个韦斯特事件”,对人体测量学更是个致命的打击。当时一个名为威尔·韦斯特(Will West)的犯人正要被收押进莱文沃思(Leavenworth)监狱,那时监狱采用的还是贝迪永系统。和往常一样,犯人先是被拍照,然后进行了一系列测量。监狱职员看他面熟,问他以前有没有来过这里,威尔说没有。接着职员调出了一张照片给威尔看,威尔说:“这的确是我,可是你们是怎么拿到这张照片的呢?以前我从未到这儿来过。”

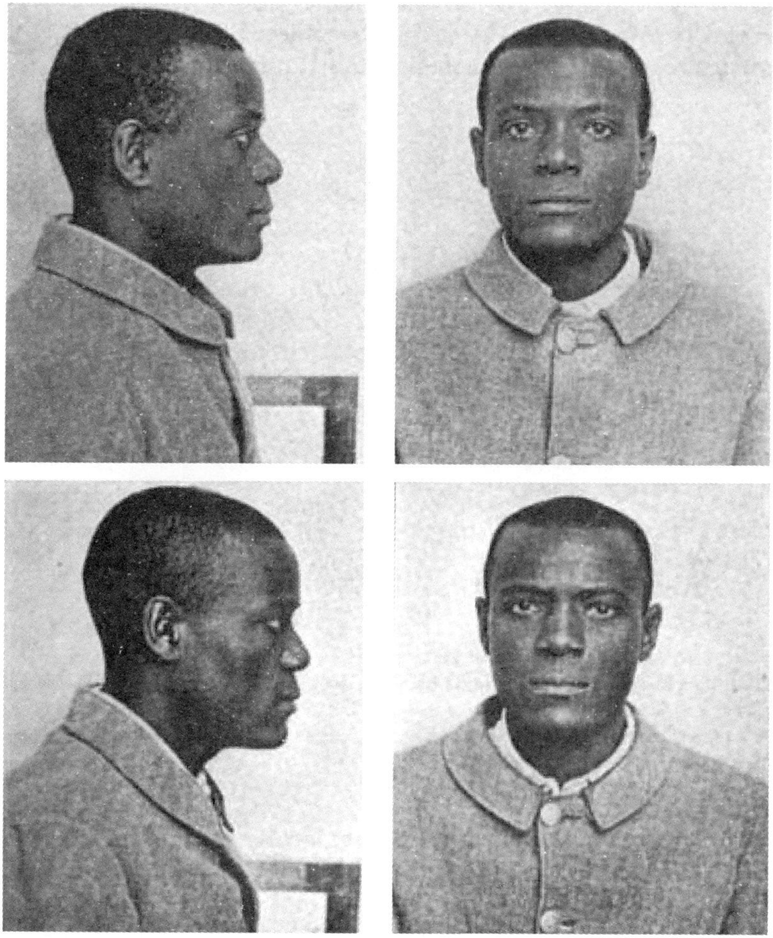

上图为威尔·韦斯特，下图为威廉·韦斯特(他们的外貌非常相似，仅有指纹不同)

最后发现，原来监狱里已经关了一个名叫威廉·韦斯特(William West)的人，两个人的相貌和各项测量指标一模一样，就连姓氏都完全一样！这个案例使人们开始怀疑人体测量学的可靠性,许多人呼吁用指纹系统代替贝迪永系统。

1904 年,在圣路易斯世博会上,一名苏格兰场警探应邀展示了这种新的指纹比对技术,引发了观众极大的兴趣。同年 10 月 19 日,莱文沃思监狱开始强制性地要求每个囚犯在入狱时按指纹留底。这一做法,迅速得到了各国司法机关的效法并沿袭至今。

最关键的是,在许多作案现场,嫌疑人都会不经意地留下自己的指纹:这既是破案的线索,又是定罪的铁证,对于司法机关而言简直是个宝贝,这是贝迪永系统无法比拟的优势。

即使在贝迪永系统的创始地法国,它也遭受了不少打击,尽管贝迪永也“与时俱进”地在他的系统中收纳了指纹,不过做得相当粗糙和不完整,以至于没什么用处。1911 年的蒙娜丽莎失窃案也证实了这一点。小偷偷走了蒙娜丽莎画像,而将镜框留在了博物馆,上面留有他的指纹。而这枚指纹毫无用处,在贝迪永系统中找不到任何匹配信息。当警察列出一份嫌犯名单,传唤他们采集指纹时,小偷已望风而逃。

后来发现,其实小偷以前也犯过事,如果当时有完善的指纹系统可供查找和比对,即可很快确定小偷身份,在他还得意洋洋地以为自己没事之时,将他逮捕。从此以后,各国司法机关都努力地扩建自己的指纹数据库,只要是被羁押过的人,一律留下指纹样本。后世还开发出了计算机联网自动比对系统,让指纹的比对更加迅速、高效。

由于人体测量学的弊端着实太多,而指纹法又屡建奇功,最终指纹法完胜，从此人体测量学退出了历史舞台。当然，给嫌疑人拍照的做法还是被保留了下来。

指纹，还可以这么用！

指纹比对，是一项超级有技术含量的活，没个上百小时的训练是做不好的。然而，近代中国人，曾把指纹换了一个用法，同样取得了奇效。

大家都知道，正常人都有十个手指头，而每个手指头的指纹可以被简单地分成两种类型：指纹中心是封闭的同心圆的，称为“箩”；指纹中心是敞开的波纹线的，称为“斗”或“箕”。这种区分一学就会，哪怕是学龄前儿童，也会兴致勃勃地数一数自己有几个“箩”。

如果我们用二进制的概念来表示，把“箩”写成“○”，把“箕”写成“×”，再规定从左手到右手、从大拇指到小拇指的顺序来排列，就会得到一个用“○”和“×”表示的十位数编码。

1936 年，当时的宁夏省主席马鸿逵在当地推行了身份证制度，但又苦于没有足够的经费给老百姓拍照（那个年头，拍照是一件相当奢侈的事情），于是，灵光一现，就采取了上面说的“×○分类法”。

简单地说，保长在给居民发放身份证时，先抓过手来看看，把领证人的“箩”和“箕”用“○”和“×”的符号记录在身份证上。等到需要查验身份证时，士兵或警察只要把持证人的证件和手指一对，就知道是不是本人了。这种辨别方法简单易懂,哪怕文盲也能用,而且相当准确:“箩”和“箕”是没法改变和伪装的。

如果一个人捡到或借来一张别人的身份证,则原主和他的“×○序列”恰好相同的概率,是 $1/2^{10}=1/1024$,也就是说还不到千分之一!这样,就给冒用者带来了极大的挑战。

血迹里能看到什么?

/temperance/

一提到案发现场,大多数人会想到几个形容词:鲜血淋漓、血流成河、血浆四溅、血肉模糊等,伴随着一种油然而生的恐惧感。若真要置于这种场景中,惊叫逃跑或呕吐是免不了的,有些晕血的人可能会直接晕倒。但在专业人士看来,在现场看到血迹不仅不能跑,还要加倍小心,认真谨慎地"倾听",不能有丝毫遗漏,因为现场的血迹会"说话"。

从形状看出处

当一满杯水受到外力作用时,它会溅出大小不等、形状各异的水滴。而同为液体的血液也一样,在受到外力时会形成血滴。一个带血的物体震动或受到击打时,有些血滴能飞到很远的地方。这也就是为什么有些时候,尽管现场可能被嫌犯清理过,办案人员还是可以在一些不经意的角落里找到没来得及清洗的血迹。只需运用牛顿力学和简单的几何学知识,法证人员就可以合理地推测血迹是从何而来并如何而来的。

使用高速摄影观察可以发现,一滴血在下落时,基本上是个小球形。当它垂直落到一个平坦的表面时，就会形成一个圆点，并且形成大量的小滴，从中心迸发出来。当血滴落到一个倾斜的表面或以一个倾斜的角度撞击地面时，形成的图案就会被拉长。倾斜的角度或移动的速度越大，图案就会被拉得越长，就像下面图中所显示的那样，同时被拉长的血迹还可以告诉我们血滴移动的方向。

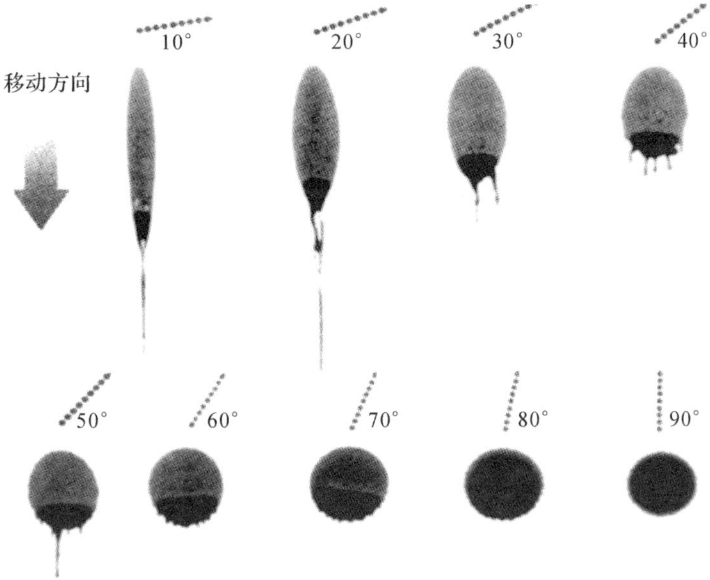

在相同条件下，大的血滴质量大，所以比起小血滴来，更容易克服空气阻力，所以大血滴通常溅得更远些。同时，受力越大，形成的血滴越小。这也就是为什么枪击产生的血迹是雾状的，飞溅距离很短，而钝器击打往往会形成血肉横飞、满目狼藉的景象。通过血迹分析，可以大致判断凶手所使用的凶器。

不过，这些特征并不是独一无二的。当受害者肺部被刺穿时，所引发的咳血会以相当大的力道将血滴射出；而在鼻子出血时打喷嚏，则喷出细小的血滴。这些现象都与上面说的特征不符，而此时，法证人员则需要根据尸体的特征和自身的经验来进行判断。

在侦查中，办案人员有时会用细绳或更高级点儿的光束做反向延长，来推测血迹的来源、喷溅方式，用模拟重现的方式来判断凶手使用的凶器和作案手法。一个优秀的血迹模式分析师甚至可以分析出凶手当时的心理状态、与死者的关系等（是陌生人还是身边的熟人，是意外、冲动还是蓄谋已久……）。《嗜血法医》里经验丰富的 Dexter 在白天的工作不就是这些吗？难怪他至今还没被抓住呢。

需要注意的是，用绳子或光束重建现场时，通常假设血滴是沿直线飞行的。而事实上所有物体都会受到重力作用，即使血滴的质量再小，也会受到影响，即它的实际飞行路线是抛物线。这就意味着如果喷溅距离很远的话，反向延长所得到的目标位置会和实际的有偏差（偏高），还需要结合具体案情进行修正。

在《福尔摩斯》中有一个著名的故事《血字的研究》，其中虽然有夸张的部分，但也体现了血迹的研究对于法证科学究竟有多重要。

如果血迹不见了？

如果一张堆放物品的桌面长期无人清理的话，桌面和桌上物品的表面会落满灰尘。但如果这个满是灰的桌上有一个圆形的区域却一尘不染呢？那一定是桌上有个什么东西被拿走了，更进一步，如果我们拿这个形状与其他物品进行比对的话，就可以很轻易得知被拿走的到底是个杯子还是其他什么物品。

不止是灰尘，血迹也一样，在一片血泊或溅血点中，如果突然出现了一块没血的区域，就表明有些东西本应在那里但被移走了。这里的有些东西可能是被抢劫走的贵重物品，还可能是会暴露死者身份的证件或衣物，甚至可能是当时出现在现场的第三者等。

类似的，如果在一个鲜血四溅的场合，却有一处墙壁上留下了一个空白，那可能就意味着案发时曾经有人站在这里——或许就是凶手。

想想看，让凶手作案以后仍然需要留下来处理的东西，或者让后来者出现在现场、不去报案而一定要破坏的东西，往往会成为通向罪案迷宫大门的钥匙。但这些留白通常都会比较“抽象”，确实需要办案的刑侦人员细细思考。

真相就在那里

曾经有过由于现场办案人员取证不规范，导致证物被污染而使证物无效的案例，比如曾轰动一时的“天使杀手”诺克斯被指控杀死室友的案件；也有过由于医务或消防人员的前期工作，大量破坏了现场而使刑侦工作举步维艰的案例。即使没有这些干扰，凶手可能会把现场弄得很乱，使得取证变得很繁琐、很困难。

尽管有时候证据本身不稳定，随着时间的推移也会变得不那么明显。但有些基本规律永远不会变，例如血液在飞溅时不会绕过固体溅到别处。法医前辈们在实践中也摸索出了一些在现场寻找血迹的经验方法，比如，主检法医师秦明就曾提出，把手沾上清水，在作案者曾站立的位置甩一下，看看水滴洒到什么地方，那儿就很可能会找到血迹。而鲁米诺试剂和多波段光源，则可以帮助法医更好地找到微小的血迹。

现象总是很纷繁，而真相总是只有一个。我们能做的，就是全面搜集，多方聆听，大胆假设，小心求证。

一滴血里的年纪和头发

/苏木七 Kenny/

如果犯罪现场除了斑斑血迹外一无所有，而利用血液中的DNA指纹信息搜索现有的数据库一无所获——别着急，血迹还会告诉你其他的事情，比如说，年龄。

DNA指纹技术

DNA指纹技术跟真正的指纹没什么关系，只不过是采用了生物化学的方法使DNA形成图谱，由于不同个体的图谱各不相同，因此可以像指纹那样用来识别身份。

DNA指纹技术被称为现代的福尔摩斯，在破案中屡屡大显身手。不过，它的应用也是有条件的。单凭一份图谱做不了什么，而需要拿图谱去和已知的DNA指纹数据库比对，找出能和待检测图谱对上号的，才能确定其身份。如果没有可供对比的数据，那DNA指纹图谱基本上就毫无用途。

血液透露年龄

但现在，如果检索不出DNA指纹的数据，法医们还可以尝试用犯罪现场的血迹来推算年龄，这也是很重要的破案信息。

荷兰鹿特丹大学医学院（Erasmus MC University Medical Center, Rotterdam）的曼弗雷德·凯瑟（Manfred Kayser）教授和他的研究团队最近发现，血液中 T 细胞产生的一种物质可以用来推算年龄。

T 细胞是血液中重要的免疫细胞，在病原菌和肿瘤细胞侵犯我们身体的时候，T 细胞可以重组自身的 DNA，产生特异的受体，识别这些不法分子。在这个过程中会产生一些环状的 DNA 小分子，这些小分子被称为 sjTRECS，它们的量随着年龄递增而减少。血液中还有另外一些物质，它们的量不受年龄影响，保持稳定。通过比较 sjTRECS 和这些分子的相对水平，即可推算出年龄。

根据这一方法所推算的年龄，与血液主人的实际年龄误差在 9 岁范围之内。也许你觉得正负 9 岁是个很大的误差，但它至少可以告诉警方，犯罪分子（或者受害人）是少年、青年、中年还是老年，这大大缩小了调查范围。

目前，这种新方法还没有正式投入使用，研究人员还在不断确认它的准确性和稳定性，不过相信它很快就可以配合传统的方法来一起帮助警方破案。毕竟，如果你能知道你要找的那个人是 20 岁还是 50 岁，这对调查工作绝对是大大有利。

发色也藏在基因里

头发的颜色对中国的警察可能用处不大，不过在美国那种多种族的国家，如果警方可以从基因中获得发色信息的话，对抓捕罪犯，比如做罪犯心理画像，会起到极大的帮助。

凯瑟教授还做过另外一个欧洲人的发色和DNA的研究，发现发色这一人类特征信息是“隐藏”在DNA中的。

研究小组从人类的11个基因中发现了13个决定发色的特殊“DNA标记”，他们认为只要对这些标记加以记录和识别，发色这个关键信息就可以从DNA信息中“脱颖而出”了。

目前这项研究对于红色和黑色头发的识别率高达9成，而对金发和棕发的探测率也超过了8成。更新奇的是，这项以基因为基础的探测手段甚至可以区分非常相近的发色，例如“发红的金色”以及“暗金色”这两种奇特的发色。[①]

一滴血就可以重建整个人？

从DNA所提供的信息中推测人类的“表现型”（即一个人的外部特征，如头发或瞳孔的颜色）是法医学中一个刚刚兴起的领域。

利用基因识别，我们可以将在犯罪现场采集到的DNA与已知嫌疑人作对比，或者在数据库中寻找其他与信息相符的资料。但是如果这两种尝试都一无所获怎么办？

这时候，如果我们可以利用基因数据将这个人“重建”的话，那破案就可谓信手拈来了。但是目前，只有少量的表现型可以通过

---

① 更详尽的解说可见后文《头发：很细但容量很大的信息储存器》。

DNA 信息较为准确地识别并付诸实际应用(比如我们之前提到的年龄和发色)。不过一切都在有条不紊地发展中,凯瑟教授目前正在致力于研究如何从基因型中检测携带者瞳孔的颜色。

凯瑟教授对这些新技术充满信心,他相信在不远的将来,一定会有一套完备的 DNA 发色检测的系统,用于法医调查。DNA 将给法医帮更多的忙。

藏在相机后面的血迹

/Kenny/

血迹一直是犯罪现场调查的重中之重，而发光氨（也叫鲁米诺）一直是血迹检验的专业道具。在检验血痕时，发光氨与血红素发生反应，显出蓝绿色的荧光，即使是很少的血迹（百万分之一含量）也可以在短时间内显色。不过，发光氨也并不是万能的。

神奇药水不神奇

虽然说血迹是调查的关键，不过在物体表面找寻血迹比想象中可要难多了。在美剧《犯罪现场调查》和《双面法医》里，一切就像变魔术一样，拿出神奇的小药水，轻轻一喷，犯罪事实尽显眼前。

事实却远没有那么简单。美国密歇根州立大学司法科学研究部的负责人史蒂芬·摩根（Stephen Morgan）指出，被美剧滥用的“神奇药水”根本没那么神奇：事实上发光氨并没有那么灵敏。首先，调查者必须在一间完全黑暗的房间中才能看到血迹。而且发光氨显色持续的时间很短，所以要一直对血迹进行喷射，但这又会引起血痕的消失和破坏。除了血液以外，它还能和灰尘等多种物质产生作用，误导调查人员。

关于血迹调查技术，摩根说："如果能够研究出一种不会和其他物质作用给出错误反馈的系统，那么它必然会得到调查人员的青睐。"

红外侦探

科学从不会让我们失望的，不是吗？美国南卡罗莱纳大学的科学家们已经研究出了一种可以为血迹拍照的新型概念验证照相机。这种新型相机将会帮助调查犯罪现场的专家发现最细微的血迹，甚至可以探测出一个人是否接触过毒品或是爆炸物。

这项新技术被称为"热红外线多模式显影技术"。利用这种技术，调查人员可以在任何表面探测到任何种类的污点。这项技术是由摩根和麦克·麦里克(Michael Myrick)教授的研究组研发的，而研究成果也被发表在了美国化学学会的《分析化学》刊物上。

这种新型相机利用人眼不可见的红外线来探测血迹，从而避免多种物质带来的错误反馈。调查人员只需给犯罪现场拍张照片，无需喷洒化学药剂，更不会让血迹消失。通过这种方法，调查人员不仅有效地保存了有价值的罪证，同时也获得了比以前更多的信息。

另外，这种新型相机可以在暗色物体上发现血迹，例如黑色棉絮。它还能分辨出灰尘和血液，而在发光氨的作用下，以上两者都会呈现出蓝色，给人以错误的反馈。

和发光氨一样，这种相机在血量极小的情况下仍然可以把它揪出来，例如人眼看不见的飞沫。根据罪犯清理痕迹的程度，这种相机甚至可以发现被洗掉或是被化学物质破坏的血迹。

不过摩根的这项新显影技术，现在还只限于实验室。他希望新技术可以利用特定波长的光，拍摄人类的指纹照片，然后通过相机来识别指纹的拥有者最近接触过什么毒品或是爆炸物。估计用不了多久，大家就能在新一集的《犯罪现场调查》里看见这种技术了，其实这对于新技术的推广倒也是一个不错的手段。

身体不说谎

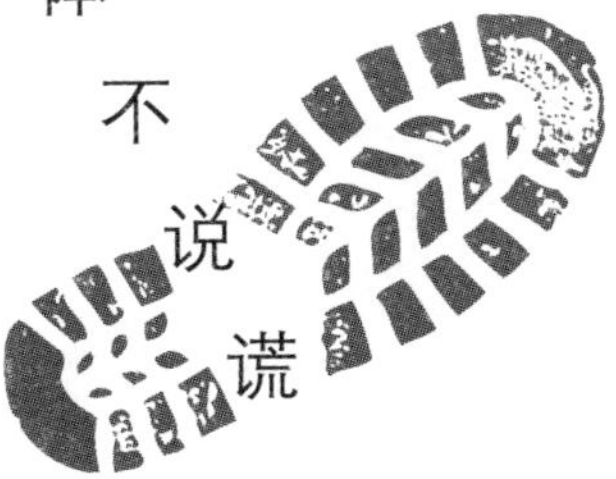

你无法挡住生物计量学

/Kenny/

在月黑风高的夜晚，一个蹑手蹑脚的小偷走到了一间小屋门前。为了确认屋内是否有人，他做了一个很有建设性的举动——把耳朵贴在门上听听动静。尽管后来他细心地擦掉了所有指纹，可是警察最终还是通过印在门上的“耳纹”将他成功定罪。

这不是小说，随着生物计量学的逐步发展，耳纹已经逐步被纳入了司法证据之中。

耳纹也独一无二

所谓耳纹，是指耳朵的形状以及耳廓内凹凸不平的软骨的弯曲和旋转模式，它和指纹、虹膜一样，也是人身体上一辈子都不会改变的特征。而相比常用的指纹和声纹来说，耳纹具有更稳定、更不易改变的特征。

实际上耳纹这种证据在业界并不新鲜，因人体测量学而名垂青史的法国人贝迪永早在19世纪就提出：“世界上几乎没有哪两只耳朵在所有特征上是相同的，而这些特征在人的一生当中都没有明显的变化。”而他也一直在努力推动耳纹检验技术的发展。

1994年,美国华盛顿发生了一起入室抢劫杀人案。法证人员在现场没有发现指纹,却在卧室门上发现了一个耳纹印痕,并以此为证据起诉了犯罪嫌疑人。尽管后来法官并未采纳耳纹作为证据,但这也让耳纹在法庭上初露头角。

耳纹采集难

之所以耳纹一直没能像指纹那样成为被广泛采纳的"决定性证据",关键是长期以来耳纹的采集和认定都没有一个统一标准。

由于耳朵比较软,压在墙上时,不同的力度就会造成不同的痕迹。而要对这些"不同"进行评估,很大程度上只能依靠法证人员的主观判断。

当然,另一种识别方法是通过监控摄像来对耳朵的特征进行比对。但是这种方法对图像质量的要求较高,而自身识别精度却还不够高。

不过科技总是不会让人失望的,英国南安普顿大学(University of Southampton)的研究小组就推出了一款全新的耳朵识别系统。这款被称为成像射线(Image Ray)的新系统和以往通过痕迹来识别耳纹的技术不同,它可以通过对耳内外软骨螺旋模式的提取和简化来完成耳纹的识别。据该小组称,这项技术的成功率高达99.6%,堪比指纹。

这么一来,犯罪分子是不是需要把头套、丝袜等各种遮头遮耳的面具全部加进购物清单呢?可惜这些都没用。耳纹最有力的地方就在于,它无法掩盖。带上头套?没关系,研究人员认为一般的尼龙面罩或者丝袜是不能完全盖住耳朵的重要特征的,而他们正致力于开发一种可以无视头发和头套的新识别系统。

掩盖指纹要戴手套,遮住耳纹要戴头套,隐藏虹膜要戴眼罩,避免留下声纹要戴口罩。干坏事越来越不容易了,得从头武装到脚,而且藏得越多,留的线索也越多,要和法证侦查技术斗争,代价还真大。

很细但容量很大的信息储存器

/Kenny/

在《西游记》中，孙悟空轻拔毫毛，就可以变出千千万万个分身。而在法医眼里，小小一根头发也携带了大量的信息。

掉了的头发也是证据

在法医鉴定中，头发可以分为发根、发干和发尖三部分，它们也分别隐藏着不同的信息。

发根通常是鉴定中最重要的部分。自然脱落的头发和人为拔掉的头发最大的区别，就在于它们是否带有完整的毛囊。不同时期的头发也有着不同的特征：处于生长期的头发毛囊比较发达，呈椭圆型；处于休止期（生长间期）的头发毛囊会变得细长；而在脱落期的头发毛囊呈球棒状。

对发根形态的鉴定除了可以判断毛发主人是否在现场发生过搏斗外，还有一个很重要的功能：DNA 检验。处于生长期的头发可以提供非常大量的 DNA，这为警方的调查提供了重要的信息。

除了发根，发干和发尖所呈现的一些特征还可以揭示这根头发曾经“受过什么罪”。

怎么在现场进行头发的采样呢，你第一个想到的方法可能是拿小镊子轻轻地夹起来，姿态优雅，尽显专业……其实真正的法证人员可没工夫摆造型，他们最常用的两种方式是胶带和吸尘器。没错，而且胶带就跟你在家黏猫毛的那种差不多。这种方式不会对证据造成损失，还可以保持头发的完整特征。另外，要是遇到那种不易移动的大型证物(比如铁柜子)，胶带也伸不进去了，法证人员有时会用吸尘器来采集证据。

头发定住址

如果你抓到一个恐怖分子，但是他死也不说自己的总部在哪里，怎么威胁怎么取证都没用，怎么办呢？可以测他的头发，如果他还有头发的话。

美国犹他州大学(University of Utah)的吉姆·艾林格(Jim Ehleringer)的一项研究指出，不同地区自来水中氢氧同位素的含量不同，这些不同会直接在人的头发中体现。

在此之前，艾林格的小组曾经通过测定古柯叶(可卡因原材料)中同位素的含量来确定该毒品的原产地。他们认为，氢氧同位素的质量比较重，会更容易从积雨云中下落，所以根据不同地区降水量的不同，不同地区自来水中的同位素含量也不同。

为了证实这个假设，他们调查了全美 65 个城市理发店里的头发样品。通过光谱分析并作图后，他们发现头发中的同位素分布确实具有区域性。也就是说，只要调查足够多的样本，那么用头发来定位罪犯的老窝可就不是什么难事了。

除了同位素,一些其他的重金属或有毒物质也可以从头发中检出。拿破仑和光绪帝的死因就是因为新的检测技术在他们的头发中测出了重金属砷才得以真相大白的。

头发颜色不只关系到美

生活在全是黑发的中国,你可能感觉不到头发颜色的差异有多重要,姑娘们把头发染色也主要是为了美。但在欧美的法证科学里,头发颜色不仅仅只代表外貌,还深藏着个人的遗传信息。

人体中决定头发颜色的细胞是黑素细胞(melanocytes),位于头发毛囊根部。它们将合成的色素注入角质细胞中,使头发呈色。"黑素细胞"产生的色素其实不单只有黑色,而包括两种色素:真黑素(eumelanin)和褐黑素(pheomelanin)。褐黑素可使头发呈现红色,真黑素则控制着发色的深浅。

全球各地人们的发色丰富多彩,从黑到灰,从棕到金,从褐到红,深深浅浅,百色争鸣。而真黑素越多,发色就越深。真黑素还分为两个亚型——黑真黑素和棕真黑素。在没有其他色素干扰的情况下,随着黑真黑素从少到多,发色呈现从灰到黑的颜色。同理,随着棕真黑素从少到多,发色也会从金色变为棕色。

金发是女性们比较青睐的发色,但要完全成为金发女郎,而不依赖于染发的话,就需要想办法让真黑素产生得少一点儿。真黑素越少,发色越浅。当然也不能完全拒绝真黑素,否则就变成白化病了。

和其他的发色不同,控制红发色的是另一类色素——褐黑素。红发的形成与基因 Mcr1(melanocortin receptor1)的突变有关。当 Mcr1 基因正常时,褐黑素的合成被抑制,发色呈现真黑素赋予的颜色。而当 Mcr1 基因突变后,褐黑素就开始发挥它的效力了,在真黑素的基础上给头发染上深深浅浅的红色——一份突变的 Mcr1 基因能给金发染上草莓色,不过还不能对抗真黑素呈现的棕黑色;两份突变的 Mcr1 基因则能造就完全的红发女郎,不过如果此时黑真黑素表达得很多,褐黑素仍不足以完全覆盖它们呈现的黑色。现在再去看卷福的《红发会》,是不是感觉就完全不一样了呢?

人群中深色的头发最常见,因此以前人们猜测,深色头发是显性的,而浅色则是隐性。可实际情况并没有那么简单,发色深浅的遗传更像是共显性(双亲的性状都可以在子代中表现出来)或者不完全显性(子代的性状呈现亲代的中间类型,如红花和白花的杂合体子代是粉花)。

这样的模型尽管粗浅,却也可以解释一些问题。比如,金发的父母生出的孩子,发色一般都是金色的;而深发色的父母生出的孩子多是深发色,少数为浅发色,当然也有基因突变的例外。深发色和浅发色的结合则比较复杂,其后代可能出现深浅不同的各种发色。

在美剧《冰与火之歌》中,很多观众好奇能否能通过王子们的头发颜色来判断他们的父亲是谁呢？尽管王后的头发是金色，可是国王家族的发色都是纯正的黑色，没有出现过浅发的情况，因此下一代多少会遗传一些能产生较多真黑素的基因，王子们的头发不太可能都是纯粹的金色。从这点来讲，这些王子们应该是王后和她的弟弟通奸所生。

但是要期待发色像《红字》里的海丝特・白兰败露那样，一见异常发色就知道有奸情，那你可能要失望了。这样的模型太简陋，不足以解释所有情况。已知影响发色的基因就有十余种，遗传学家尚不清楚这些基因的显隐性以及它们的加和作用如何影响发色。从这点来看，要做亲子鉴定，还是 DNA 比较靠谱。

在很多罪案类电视剧里，你会看到法证人员用显微镜观察发丝，看毛发的类型（是人类的头发，而是其他动物的毛发）、颜色（是否是染过色的）、性质（是否被人为拔出，是否有损伤）和其他特征，然后就可以告诉你头发主人的各种信息，甚至罪案现场可能的情况。和指纹一样，头发所揭示的生活习惯也会出乎你的意料，一根头发可能是破解案情的关键。

声纹

你不认得我，但我认得你的声音

/苏木七/

古龙笔下，陆小凤说，这世上可以让他完全信赖的东西只有十二样，其中有一样就是花满楼的耳朵。不过，在这个什么都可以被仿制得惟妙惟肖的时代，就算是花满楼的耳朵也不管用了。好在我们可以进行声纹分析——将声音可视化，一切微小差别都变得一览无余。

假唱门

2010 年 11 月，为了给即将推出的迈克尔·杰克逊(Michael Jackson)的新专辑预热，索尼音乐提前发布了主打歌《爆炸新闻》(*Breaking News*)的试听。不料此曲一出，众议纷纷，许多人公开质疑该歌的真实性，就连杰克逊的妈妈和孩子也表示，那不是他的声音。

为了弄清这一“假唱门”的真相，杰克逊遗产公司和索尼音乐分别请来了两位法庭音乐鉴定家(forensic musicologist)对歌曲进行鉴定。通过波形分析，他们比较了《爆炸新闻》的清唱版和杰克逊以前作品的清唱版，结果显示，歌曲没有造假，里面的确有杰克逊的声音。之所以人耳听起来不太像，是由于歌曲中掺入了太多的和声、配乐以及另一位歌手的声音。

这首歌侵权了吗？

法庭音乐鉴定家可能是听歌听得最仔细的一帮人了。除了上述的验明真声，他们最主要工作就是运用各种手段，分析一首歌曲是否抄袭了已有的创作，造成侵权。这也是声纹鉴定的应用之一。

正如没有两个人的指纹完全一样，人们的声音也是独一无二的。不同的人(以及不同的乐器)，他们声音的强度、长度、频率、音色都不同，这四者在语言学中被称为语音四要素。

在实际分析中，鉴定专家要对多种图谱进行定性观察和定量检测，包括波形图、振幅曲线、基频曲线、宽带和窄带谱、过零率曲线、功率谱等诸多谱图。即使有人故意尖声尖气或粗声粗气或嗲声嗲气或妖声妖气地说话或唱歌，也总有一些特征是自己改变不了的。鉴定家和声纹专家可以通过辨认每个人独有的特征来鉴别声源，故声音分析也被形象地称为声纹鉴定。

现在音乐界抄袭案件越来越多，其中一些我们可以明显地听出来；而另一些由于经过各种处理，人耳听起来比较晦涩模糊，此时就需要借助声纹鉴定了。

谁在给你打电话

现在电话犯罪层出不穷，罪犯以为在电话上既看不见又摸不着,就可以随心所欲地进行各种敲诈勒索,甚至辱骂猥亵。而运用声纹鉴定技术,不管在电话中装成什么样,都能被揭露出声音的本质。在电话犯罪案件中,拿到语音录音资料后,可以对嫌疑人的语音进行声纹鉴定,从而排除或确定罪犯。目前,许多国家都已将声纹鉴定作为辨认犯罪嫌疑人的重要手段。

除了辨认嫌疑人,声纹鉴定也被广泛应用于鉴定录音材料的真伪。FBI 对本·拉登就是采取这一套——每当有所谓的本·拉登发布的录像或录音时,FBI 的声学实验室就会用他们的一套“自动声纹识别系统”(forensic automatic speaker recognition,FASR)来检测片子中的声音,以判断此本·拉登是否是真的本·拉登。

鸡尾酒效应

不过和其他的法医鉴定手段一样,声纹鉴定也面临着诸多问题:在嘈杂的人群中,我们可以和朋友们畅谈,而忽视掉其他的噪声,这就是所谓的“鸡尾酒效应”。但现在的声纹鉴定系统就没有这种声音选择能力,不会只展现我们感兴趣的声音,而是不管是信号还是噪声通通呈现。因此如果背景噪声太强,信噪比太低,就会大大干扰目标语音的分析。这也是为什么法庭音乐鉴定家在鉴定歌曲时通常会使用清唱版,以避免伴奏的干扰。

此外,进行声纹鉴定的一个前提假设就是:特定个体声音的变异小于不同个体声音的差别。可实际上,人的声音不是一成不变的,会受年龄、生理状态、情绪等影响。所以,当特定个体声音的变异过大，超过不同个体声音的差别，声纹鉴定也就失效了。另外，声音在记录、压缩、传输的过程中还会产生畸变和失真，有可能损失对鉴定工作至关重要的信息。

正因为如此，目前声纹并不能像真正的指纹那样作为辨识身份的唯一手段，而必须和其他证据综合使用。

澳洲组合野人花园(Savage Garden)在《圣塔莫尼卡》(*Santa Monica*)一歌中唱道："在电话里我可以扮成任何人，扮成任何我想装扮的人，我可以是一个超级名模，也可以是一个普通的诺曼底邮差，而你无法察觉到其中的不同。"(On the telephone line I am anyone/ I am anything I want to be/ I could be a super model or Norman Mailer/ And you wouldn't know the difference.)但如果有声纹鉴定，扮成谁都没用啦。

不听声音，光看嘴，成不?

有一种技术叫做"唇读"，即在听不到对方说什么的情况下，仅靠观察说话者嘴唇形状的变化，判读对方在说什么话。这种技术的可靠性，一直存在较大的争议，但这并不妨碍八卦新闻们用它来推测英国威廉王子在大婚时跟凯特王妃说了些什么话。

然而，这种证据如果拿到刑事审判中，是不是可靠呢？答案很可能是否定的。

在英国一起谋杀案中，杰西卡·瑞斯(Jessica Rees)女士作为唇读专家出庭作证，声称从一段监控录像中，"读"出了被告人说了如下恐怖的话：

“她的胳膊掉了。”

“我把她的牙齿都拔掉了。”

“他们没有证据的……”

“他们找不到她的……多久都找不到，没可能。”

“全都进下水道了。”

此话一出，法庭很快判决被告人有罪。但是，两年之后，辩护律师拿出一份证据，证明杰西卡曾在学历上撒谎，此案于是重审。法庭上，双方对这位杰西卡女士进行了当场测试，结果证明她凭空“读”出了许多句录像上根本没有说过的话，所以她所谓的唇读技术完全不靠谱。法庭因此而撤销了原判，将此案发回重审。

看来，唇读这事，还真没有声纹那么可信。

最顽固的证据在你嘴里

/Kenny/

早在美国独立战争时期,就有一位名为保罗·里维尔(Paul Revere)的牙医,通过比对死者的牙齿来辨认士兵身份。这是最早通过牙齿帮助破案的事例,而现在,这门技术被称为“法医牙科学”(forensic dentistry),由牙齿特征辨认和咬痕比对两大方面构成。

牙越差越准

牙齿是人身体中最坚硬的部分,也是最难被毁灭的证据,烧是肯定烧不掉的:牙齿可以经受1000℃高温的考验,这也就让牙齿成了火灾和各种毁尸现场的首要证据。

法医牙科学最核心的内容就是“比对”,而那些“特点”越多的牙就越能提供大量信息。通过牙齿,法医可以判断一个人的年龄、种族以及生活习惯:观察牙齿中乳牙或智齿的数量可以判断牙齿主人的年龄;由于珐琅质会以每天4微米的速度增长,所以观察珐琅的厚度也可以初步估计目标的年龄;上下颚的特征可以用于判断目标的种族;一些小细节,如抽烟的人牙齿会变黑、裁缝因为老叼着针所以牙齿中会有较大缝隙等,也是破案的线索。

不过最常用、也是最有效的法医牙科鉴定手段，是与死者生前牙科记录做比对，这可以通过人工记录或 X 光比对的手段进行。

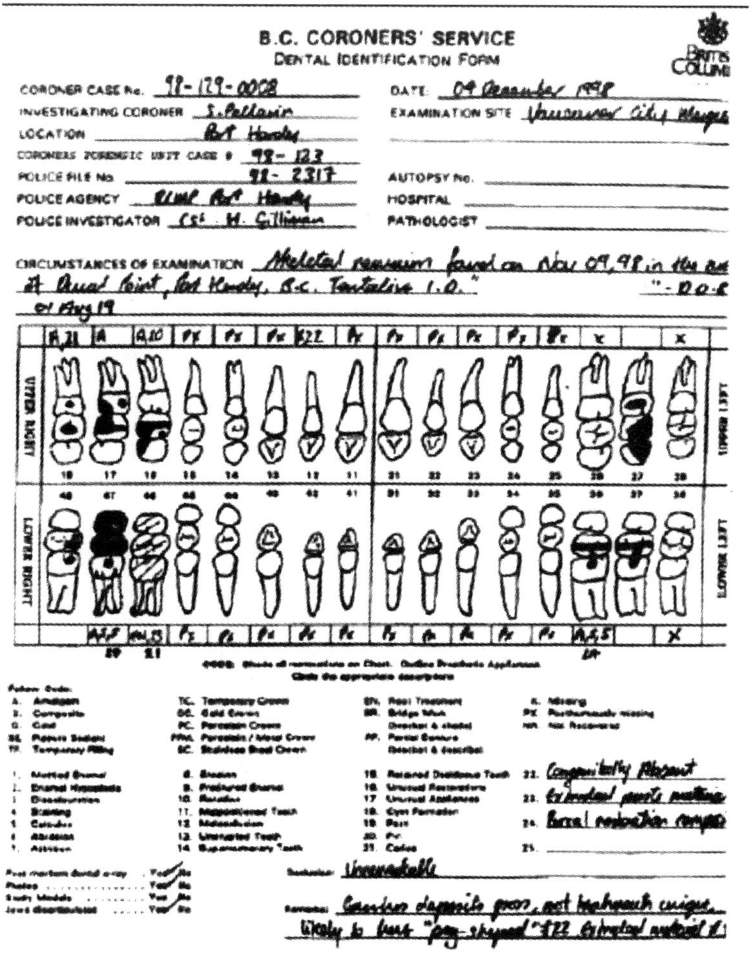
B.C. CORONERS' SERVICE
DENTAL IDENTIFICATION FORM

CORONER CASE No. 98-129-0008　DATE 09 December 1998
INVESTIGATING CORONER　EXAMINATION SITE
LOCATION Port Hardy
CORONERS FORENSIC UNIT CASE # 98-123
POLICE FILE No. 98-2317　AUTOPSY No.
POLICE AGENCY RCMP Port Hardy　HOSPITAL
POLICE INVESTIGATOR　PATHOLOGIST
CIRCUMSTANCES OF EXAMINATION

UPPER RIGHT　UPPER LEFT
LOWER RIGHT　LOWER LEFT

法医牙科鉴定记录

这些比对可以从多个角度进行,比如死者牙齿是否缺失,牙齿、牙周或口腔是否有病变,牙科手术的情况等。不过由于口腔健康状况在不停变化,所以当比对并不完全一样时,可以尝试对发生异常的现象进行解释,比如死者的牙齿是否在罪案施行期间被弄坏了。但是如果假设过多的话,就不能将这次比对作为证据来采纳。

法医牙科鉴定并没有一个严格的标准,有时候死者的一颗大金牙就能板上钉钉,但有时候一大口好牙也不能被警方采纳。遇到这种情况,就要请出 DNA 这位大侠了。而我们的牙髓,正是提取 DNA 的好地方。

就等你咬一口呢!

假设一桩强奸案正在发生,猥琐的强奸犯最后在受害者身上吭哧咬了一口,然后逃之夭夭。在这种情况下受害者就要赶紧报警,而且,千万别揉被咬的地方,因为牙印正是法医牙科学所关注的另一大要素。

历史上最知名的通过牙印定罪的案件是 1978 年的美国连环强奸杀人犯特德 · 邦迪(Ted Bundy)。他在用一把锯子越狱后,又在佛罗里达大学杀害了两名女大学生。在他再次被捕后,警察无法获得任何证据——除了受害者身上的一处牙印。这位杀人魔正是栽在了这块牙印上。

另外,美国有个连环杀手莱缪尔 · 瓦伦 · 史密斯(Lemuel

Warren Smith),就是因为在受害者的遗体上留下了一处咬痕(鼻翼旁边)而被定罪的。结果此人在纽约州的绿海文监狱服刑期间,居然又性侵、谋杀、肢解了一名女狱警朵拉·佩恩特(Donna Payant)。而再次对他定罪的主要证据,就是朵拉胸部上的一处咬痕,那处咬痕被证明就是莱缪尔所留下的。

据统计,女性在罪案中被咬的概率是男性的4倍,而主要被咬的部位是胸部和手臂处。咬痕处会在4小时左右出现淤青,然后一直持续36小时。所以在有咬痕的案件中,法医牙科鉴定人员需要第一时间到达现场进行记录。

鉴定人员首先需要用棉签在伤口表面取样——没错,获取DNA。伤口表面的唾液可以为鉴定人员提供两个信息:DNA序列以及口腔内菌种的特点。随后,通过相机等影像形式记录咬痕的特征以供分析。

目前,咬痕分析同样采用比对的形式:比如牙齿不齐的人齿印也会不齐,镶牙和真牙会留下完全不同的差异,等等。不过由于咬人是个动态的过程,牙印不会像咬个模子那么完整,所以是否采取这个证据,也需要详细的判断。

除了在人身上的牙印,苹果、支票、书本等多种地方的牙印同样可以作为取证的样本。

咬痕取证一直存在一些争议,如果咬人时动作很大,咬痕可能会非常模糊,也无法完美体现牙齿的特点,不能单独作为定罪的证据,还必须结合其他物证才能下结论。

解剖学定位了再下手?

/Vampireboy/

有一则微博传闻说,一名学医女生发现男友背叛,在食堂吵架吵得不可控制时,她拿起餐刀捅了男生20多刀,不过该女生解剖课过硬,刀刀避开重要器官,男生受到极大创伤但仍被判定为轻伤。这个故事成为解剖课重要的经典例子,让广大女青年感受到医学的神奇和实用……但是,这个故事会是真的吗?

缝隙虽有,但有也没用

在面对持刀女生时,背叛男生身上最容易受伤的地方肯定是躯干部位。如果女生不想出人命的话,那么男生胸腔与腹腔中的各种脏器自然就成需要避免的区域。根据传言,持刀女生主要选择了"重要脏器中的缝隙"下刀。

人体的心、肺、肾、肝、脾、胰都是我们说的重要脏器,它们位于人体的胸腔和腹腔内。腔壁与内脏之间有两层膜,一层贴着内脏的叫脏层,另一层贴着腔壁的叫壁层。如果把器官比作人的身体,脏层就是内衣,壁层就是外衣。两层膜之间有一个潜在缝隙,里面一般有少量起到润滑作用的液体。在正常情况下,这个腔隙十分狭窄,是脏壁两层紧贴在一起的,只有病理情况下才会出现真正的腔隙。

同样,内脏与内脏之间也有这样的缝隙,用来减少彼此的摩擦,并且把功能不同的内脏分隔开来。由于内脏的位置相对固定,因此这些缝隙的形状基本不会发生变化。但是,这样的缝隙虽然存在,却微乎其微,最多可能只有几毫米。如果垂直进刀,有些缝隙必须透过内脏方可直达。而如果劈腿男生和持刀女生都在运动的状态下,如果女生每刀都想插入这样的缝隙的话,几乎是不可能的。

这 20 刀真的捅进去了吗?

常规新闻媒体上其实根本找不到任何关于这个事件的报道,所以她究竟是怎么做到的呢?在我们进行简单推测之前,不如先看看 NBA 著名球星保罗·皮尔斯(Paul Pierce)的遭遇。

2000 年 9 月 25 日,皮尔斯与队友一起去了一个叫"Buzz"的私人俱乐部,当时,他看到吧台的桌子旁站着一个女人正向他抛媚眼,就美美地走了过去。不过皮尔斯不知道,自己正在勾搭的这个女人是当地黑社会大佬威廉·拉格兰(William Ragland)的妹妹。

拉格兰显然不给皮尔斯面子,几句话过后,拉格兰一刀砍在皮尔斯身上,接着拉格兰的几个兄弟也冲过来突袭皮尔斯,拳头、刀子纷纷招呼在他身上。皮尔斯满身是血,挨了 11 刀。不过还好,伤口大多在他的脖子和胸口,而且都不太深,但最严重的一刀刺穿了他的胸口和肺部，差点就刺到了他的心脏。幸好他的朋友及时将皮尔斯送进了医院，但仅仅一个月后，皮尔斯就神奇地回归赛场。

在皮尔斯一案中，11 刀中只有一刀为贯穿胸口的刺创，其他则很可能都是砍创以及切创。其中切创是用具有刃缘的锋利器械按压皮肤，并沿刃缘长轴方向牵引形成的创伤。而砍创，则像平时大家做饭时切肉一样，是挥动武器所造成的伤口，其力道一般大于切创，在一般故意伤害案件中，砍创通常较多。

所以，如果硬要给这个故事加个解释的话，那么很可能这位持刀女生真的只是想“吓唬”一下背叛男友，完全都没有拿刀造成刺创伤，只是“砍了几下”，所以这 20 刀也显然不会要了对方的命。

轻伤是怎么判定的？

另传闻中还提到：“男生受到极大创伤但仅被认定为轻伤。”所谓轻伤，是指“物理、化学及生物等各种外界因素作用于人体，造成组织、器官结构的一定程度的损害或者部分功能障碍，尚未构成重伤又不属轻微伤害的损伤”；而按照中华人民共和国最高人民法院等部门公布的《人体轻伤鉴定标准（试行）》中第 29 条规定，轻伤是指“躯干部穿透未伤及内脏器官或者重要血管、神经的”。也就是说，贯穿伤不伤及内脏的几率的确存在。但正如上面所说，持刀女生“刀刀捅进缝隙”，基本不太可能。而对于砍创，一般伤情的鉴定是通过创口长度来进行的。

而一旦伤及脏器，受害者就将面临严重的危险。如果刺中心脏和脊柱，受害者很可能会直接毙命。肺脏受损则主要会导致呼吸系统损伤，发生血气胸，导致肺压迫致死。胃、肠这些消化系统的管腔的穿透一般会引起腔内液外流，造成继发感染、腹腔炎症等。而当肝、脾、肾、胰等含血量比较大的器官遭到刺创时，导致的大出血则会造成失血性休克。而这些脏器的损伤在《人体重伤鉴定标准》中都被评定为重伤。

这个只在微博上昙花一现的故事里，提到“避开重要器官”“判定为轻伤”。根据这两条我们做点简单的推测：由于双方都在运动的条件下，多次刺入器官之间的缝隙几乎不可能。所以持刀女生这 20 多刀很有可能根本没有刺入躯干，甚至可能根本不是切创。很可能就是朝着劈腿男友的四肢等“没有重要器官”的部位轻轻地挥舞几下，造成了一些很小的创口，最终被判定为轻伤也就不足为奇了。当然，如果这位背叛男友是个超级大胖子，而持刀女生力量也不大的话，很可能刀子连腹腔都进不去，更别提伤到脏器了……

上吊不一定是自杀

/Kenny/

很多看似明显的证据，其实并不是真相，这就是我们需要严谨的法医学的原因。就像“上吊自杀”，并不一定是真的自杀。

勒痕是关键

实际上“上吊自杀”的死因并不是我们通常认为的窒息死，尽管在上吊过程中，气道确实被阻塞，会让受害者感觉“喘不过气”。但实际上吊自杀的真正死因却是颈部血管受阻，从而使脑部无法获得氧气和供血，导致脑缺血。

与上吊不同，如果受害者是被凶手勒死的话，那么就更可能是死于机械性窒息，也就是气道被阻所致。

简单来说，自杀与他杀的最大区别就在于“怎么被勒死的”，也就是说，绳套与脖子所形成的索沟的特征不同。对于自杀来说，根据绳结的位置，通常分为前位、后位和侧位三种情况。而缢痕也会根据上吊姿势的不同而发生变化，但总体来说，缢痕会呈现“V”字形：最低部位最深，向两侧上升渐浅，最后消失，而这也是自杀相较他杀的最大区别。中国古代法医学著作中，将其形象地称为“八字不交”，即缢痕不会是一个完整的圆形，而是没有交点的“八”字形。

对于他杀来说，由于凶手通常是将绳索套在受害人的脖子上打个结并行凶，所以在被勒死的受害者脖子上，勒痕通常是一整圈不间断的、并且通常会有绳结的痕迹。相比自杀者 V 型的缢痕，被勒人的绳圈更浅、更完整、更细致。

多角度，多考虑

由于吊死和勒死“机制”的不同，许多其他独特的特征也同样会揭示上吊背后的阴谋。

首先，由于血管受阻，头部无法得到足够的供血，所以上吊自杀的人的脸色通常会变得煞白。而对于被勒死的人来说，受害者面部以及颈部会有大量的淤血，并且呈深红色。

其次，自缢者的舌头很可能由于绳子的挤压“吐出来”，而被勒死的人则很可能会不小心“咬住”自己的舌头，并且可能会导致口腔出血。当然，被勒死的人死前很可能会与凶手发生激烈的搏斗，所以外伤、指甲内的皮屑、舌骨的骨折以及一些其他的瘀肿都有可能揭示着死者生前的“故事”。

此外，如果凶手从背后下手，就需要一个支点来顶住被害人，常用的手段就是用膝盖顶住受害者的背部，这也会在尸体的背上留下明显的压痕。

不过假如一具吊死的尸体符合所有上面“自杀”的描述，那就一定可以将其断定为一位想不开的人吗？别急！除了上述的病理特征外,血液中的毒理分析也同样非常重要。毕竟,如果凶手先将受害者麻醉,再“帮助”他“自杀”的话,那所有的病理特征可就都和上吊完全一样了。

另外,处决死刑犯所用的绞刑和上面的概念都不同,最具技术含量的绞刑叫作“长距坠落”(long drop)——利用犯人猛然下坠时产生的重量把颈椎扭断,令大脑瞬间失去血氧供应,最短 1 秒内就可致人昏迷,10 秒内死亡。不过如果距离太长的话,就会拽断脖子,身首异处了。

简单说,上吊自杀和他杀的区别就是:自杀是脖子勒绳子,他杀是绳子勒脖子,所以在尸体上一定会留下明显的差别来。

爆炸会把人炸成什么样?

/政委祖尔阿巴/

各种动作片中都有主角在大爆炸中逃生的经典场景,无论是被整屋炸药引发的大火球轰成“空中飞人”,还是被手榴弹炸得抱头鼠窜,主角总能在地上滚两下,拍拍身上的尘土,爬起来像没事人一样继续逃命或者大杀四方。人的身体真有这么强大,可以抵抗剧烈的爆炸吗?要知道,每年过年被小小鞭炮炸伤的也不计其数呢。

爆炸到底是怎么回事?

爆炸,说到底都是在极短时间内发生的能量释放。1 千克硝铵炸药爆炸,整个化学反应时间只需要 30 微秒,75 千克 TNT(三硝基甲苯)炸药爆炸也只需要 60 微秒,而 1 千克硝铵炸药释放的热量却超过 4.15×10^6 焦耳。形象一点说,就是你眨一次眼的几千分之一的时间,释放出能烧开几浴缸水的热。

在炸药爆炸、化学反应放热的同时,炸药分子分解出的可燃元素碳、氢被迅速氧化,还会产生大量的气体,1 千克 TNT 炸药爆炸,在 2800℃时产生的气体为 7800 升,为原先炸药容积的 12500

倍。而这大量的气体在高温下会急速膨胀,形成 10 万倍于大气压力的高压气团向四周高速传播,这意味着炸药爆炸之后产生的,是一个灼热的、压力巨大的、急速扩张的气团。

更具杀伤性的添加物

很多针对人的爆炸物,比如手雷、炸弹之类,可不仅仅是装点炸药弄个大火球这么简单。为了对人体形成更大的杀伤力,爆弹的设计者很久以前就学会了刻意在爆炸物里混上金属片、金属球等,这样利用爆炸时的动能,这些金属片、金属球就会形成抛射物,这可不是你的皮肤所能抵抗的。

实际上,自从第一次世界大战打响,炸弹破片造成的损伤所占的比例就开始超过枪弹了。炸弹破片击中人体会有什么严重后果呢?其中影响因素很多:炸弹的速度、距离、入射角、破片形状以及伤者的防护情况等。而且因破片造成的损伤,清理急救时困难也很大,尤其是破片伤及重要血管时。

就亲眼所见并参与解剖的一次尸检来看,经历爆炸后的身体已经千疮百孔,衣物和体表上满是各种形状的孔,靠近爆炸中心的皮肤血肉模糊,不可辨认。在切开皮肤和肌肉寻找致命伤的时候,在大腿、腹部以及盆腔组织里都找到许多扭曲的金属碎片,当最终找到切断股动脉的那块绝命破片时,取出并记录下的破片已经有一堆了。

还有冲击波

即使没有被炸弹破片击中，人体也不一定能避开所有的冲击。厨房里常见的高压锅能承受几倍于大气压的压强，但炸锅时瞬间释放出来的冲击就足够震碎房间玻璃，让锅盖变成“飞碟”。而炸药呢，它能产生十几万倍大气压力，会像无数看不见的铁拳一样朝人体扑打过来。

在这种超大大气压的冲击下，肢体可以被直接撕裂，骨骼可以被直接击碎，没有骨骼支撑的腹部也会受到猛烈压迫，腹压增加膈肌上抬，大静脉里的血液突然被推向心肺，让心肺的血容量急剧增加。与此同时，冲击波对于胸廓的压迫又进一步增大了胸腔的压力，巨大的压力可能把心、肺和大血管给硬生生“撑”坏。这还没有完，冲击波压力过去后，胸廓的迅速回弹带来的剪切又会造成二次伤害。冲击波带来的压力急剧变化也会让肺内的气体体积发生先小后大的急剧变换，这样很容易损伤肺部血管，这时肺部的气体可能由损伤处进入血管形成气栓在体内游走，卡在哪里，哪里就断了血液供应。若是不幸堵了心脏的冠状动脉或是脑血管，很可能引发死亡这一严重后果。

更严重的是，冲击波经常造成外轻里重的“内伤”，比如肺部存在广泛的出血和炎症。可能迅速丧失交换气体功能的伤者，表面看上去只是破了点皮，加上在高度紧张亢奋时分泌的大量肾上腺素能在短时间内保持伤者活力，伤者呼吸衰竭之前神智可能都还清楚，但如果没有及时进行呼吸支持的话，连一天都未必撑得过去。

根据 CNN 的消息，2013 年 4 月的波士顿马拉松爆炸事件中尚未发现 C4 等高能爆炸物的痕迹，这样推动破片飞行的能量、爆炸产生的冲击波可能相对小一些，这对伤者来说算是个不幸中的万幸吧。

“不管怎么挨炸，挨多大的炸，都能毫发无伤”的奇迹只出现在电影中，普通民众的血肉之躯在炸弹面前是非常脆弱的。如今不只是在电视剧里，我们的现实生活中也发生过火车站等人口密集区域的恶性爆炸事件。除了依靠警方和法证人员侦查案情外，我们能做的就是尽快把伤者送往医院，希望医护人员能及时检查和处理爆炸造成的外伤和内伤，尽量减轻其痛苦。

车祸的损伤无法伪造

/战士的后裔/

中国机动车保有量逐年上升，根据2013年中国道路交通安全论坛的数据，目前国内每年因道路交通安全事故造成的伤亡人数超过20万人。在所有这些事故里，如果是由天气原因、技术原因造成的，我们可以做的可能是个人更加谨慎、严格遵守法规以及管理部门信息和法规的完善；但如果是人为的案件，则必须请出法证人员来收集和分析证据了。

2011年，云南省境内某县城外的214国道旁，一辆金杯小客车翻倒在悬崖下，车体损毁严重，警方在车内发现了一具男尸。事发现场位于国道的急转弯处，路面平坦，路旁只有数个水泥墩。时值清晨，来往车辆很少，现场也没有发现明显的刹车和撞击痕迹。

警方初步认为这是一起交通事故，司机因驾驶不慎或者超速导致车辆失控，在急转弯处翻倒下路基。然而，法医来到现场检查后发现，死者的多处损伤都没有生活反应(即在生前受到损伤后产生的反应，比如血肿等)，而且从死者体内提取的血液中检测到了大量的毒鼠强，于是否定了原先的案件思路。这说明，这并不是一起简单的交通事故，车内人员在车祸发生时已经死亡。

车祸会造成什么损伤特征?

机动车和行人的违法违章所导致的交通事故逐渐增多,这给了犯罪者一些可乘之机。他们利用现场十分混乱的特点,试图借助交通事故掩盖自己杀人的罪行。在美剧《犯罪心理》(*Criminal Minds*)中,一名连环杀手的惯用手法(modus operandi)就是折磨受害者后伪装车祸。不过,这些伎俩并不能骗过法医的眼睛。

在各种交通事故中,小型客车副驾驶位置的乘客伤亡最多,其次为驾驶员和后排乘客,而大型客车前排乘客的损伤多于后排。当事故发生时,人体与机动车内的各种部件碰撞,形成不同特征的损伤。根据这些特征性的损伤,可以大致判断事故发生时人体在车内的位置。

挡风玻璃碰撞伤:当机动车前方发生碰撞时,驾驶员及副驾驶位置的乘客以脚为轴心,在没有安全气囊和安全带保护的情况下,臀部抬起,身体向前倾,头面部撞击挡风玻璃或挡风玻璃框,造成头部和面部的擦伤、挫伤、挫裂创,或伴有颅骨骨折及大脑额顶部、颞部的脑组织挫伤。

挥鞭样损伤:在机动车发生碰撞的瞬间,车辆做急剧加速(追尾碰撞)或减速(正面碰撞)运动。驾驶员及副驾驶位置的乘客由于安全带的作用,身体相对于车辆保持静止,而头部在惯性的作用下发生急剧的加速或者减速运动,颈部过度前屈及后伸,容易造成颈椎骨折,或伴有脊髓的损伤。

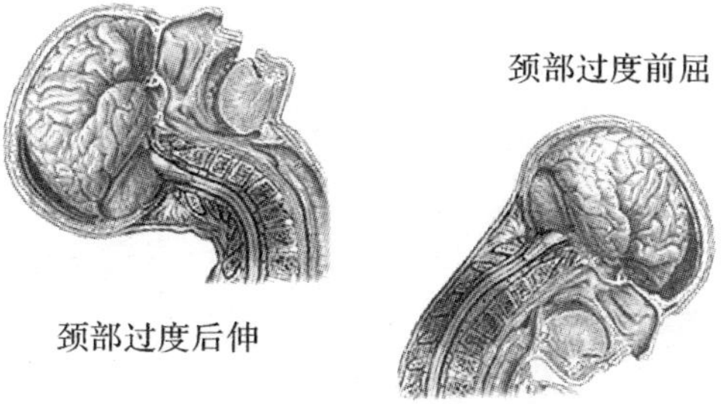

挥鞭样损伤(图片来自:A. D. A. M.)

方向盘损伤:当机动车发生正面碰撞时,驾驶员在没有安全气囊和安全带保护的情况下,以脚为轴心,臀部抬起,身体向前倾,胸部与方向盘发生碰撞,形成胸部皮肤上同方向盘形态一致的擦伤,并伴皮下出血。严重者可伴有胸骨骨折、多发性肋骨骨折,以及肺、心脏和主动脉的挫伤或破裂。

四肢的反射性损伤:碰撞事故发生的瞬间,驾驶员本能地双手紧握方向盘,右脚紧踩刹车踏板,双上肢和双下肢用力伸直以支撑住身体。这样的紧急避险动作使得碰撞的冲击力得以沿四肢向躯干传导,分别形成手腕、尺骨和桡骨下端的骨折,肩关节脱位、踝关节骨折、跟腱断裂等损伤。同时,若右脚滑落并嵌入到油门和刹车踏板之间,可以形成右脚皮肤的挫裂伤。由于身体在碰撞发生时前移,膝盖同仪表盘下方碰撞,可以形成膝关节表面皮肤擦伤、挫伤,并且伴有髌骨骨折、膝关节韧带断裂、关节腔出血、股骨下端骨折等。冲击力沿大腿向上传递,形成股骨头脱位、股骨头骨折,或伴有骨盆损伤。

安全带损伤:机动车发生正面碰撞的瞬间,驾驶员及副驾驶位

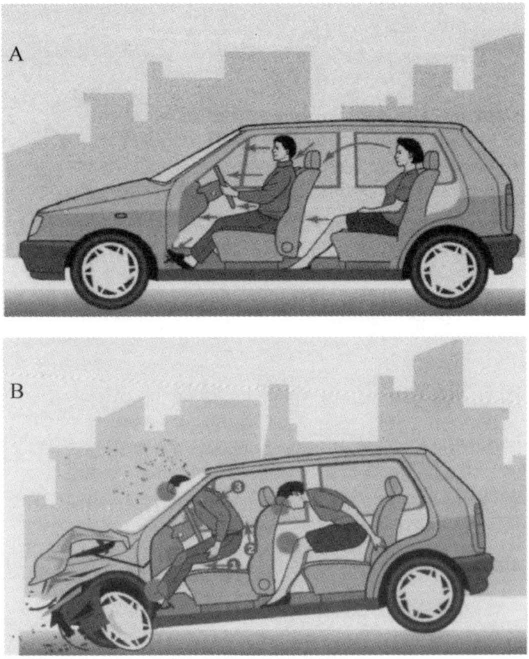

车内人员损伤示意图:挡风玻璃碰撞伤、方向盘损伤以及四肢的反射性损伤(图片来自:西安交通大学法医精品课程)

置的乘客身体向前移动,瞬时压迫安全带,形成与安全带形状相同的皮肤擦伤、皮下出血,严重者因安全带压迫和内部脏器的移位而导致肝、脾、肠破裂以及肠系膜撕裂和血管损伤。

后排乘客的损伤:后排乘客在机动车发生正面碰撞时,身体向前移动,双腿向外分开,身体碰撞前排座椅,多形成以股骨头脱位为特征的分腿性损伤。后排乘客头部撞击前排座椅,可以形成擦伤、挫伤及挫裂创,或伴有颅骨骨折及额顶部、颞部脑组织挫伤。

此外,后排乘客的脚嵌入前排座椅的下方,腿部向外旋转,可以形成踝关节骨折。

车门挤压伤:驾驶员及车内乘客被抛出车外形成摔跌伤、异物穿刺伤等。

损伤无法伪装

上面说的就是交通事故发生后一般的人体损伤。这些损伤多不规则,损伤部位广泛,是单次巨大暴力作用的结果。同时,这些损伤是不能人为模仿或伪装的。所以,要是凶手把已经死亡的受害者放在车内,再让汽车从斜坡滑落,企图伪造交通事故,尸体就不可能那么“配合”了,法医就会发现生活反应(即活人受到外力伤害才会体现出的伤痕)不明显、尸体姿势不自然等异常情况。

如果受害者不是死于交通事故,那尸体上肯定会出现真实的死因造成的尸体症状,比如说中毒、窒息,以及抵抗伤、勒颈、捆绑等车辆部位无法造成的损伤。于是法医就可以根据这些特征来分析损伤的形成机制,以明确这些损伤和车祸的关系,并推断其真实的死亡方式。

除了尸体的分析之外,车祸现场或伪装的车祸现场也会留下其他的线索,比如刹车痕迹。车辆制动设备的完整性同样可以帮助法证人员还原现场情况,来判断死者的死亡原因与死亡方式。

交通事故中的人体损伤是案件事实最忠实的反映,用其他暴力手段都无法伪造这些特征,这就是法医用以判断事件性质的根本。不过不管从哪个方面来看,一旦上路,还是安全驾驶为好。

真被烧死还是假焚尸

/战士的后裔/

火种对人类演化的意义不言而喻,不管是取暖还是吃上熟食,都对人类的传承贡献巨大。不过火除了帮助繁衍生命外,也有威胁、甚至吞噬生命的危险时刻。

火焰的灼烧往往会对人体造成极大的破坏,因此,在一些他杀案件中,凶手会将已经身亡的受害者置于屋内,并纵火以伪造火灾身亡的现场。而如何区分生前烧死还是死后焚尸,也是法医病理学实践中经常遇到的难题之一。所以,对于火场中的一切尸体,尤其是有刑事案件嫌疑时,都应仔细分析,确定正确死因。一般来说,法医会从眼睛、皮肤、呼吸道特征三个方面来进行分析。

眼睛:死讯之窗

都说眼睛会说话,会传情,没错,即使人死后,它们也会向法医传递关键信息。如果确实是在火场中身亡,由于烟雾和高温的刺激,伤者往往本能地紧闭双目,此时眼角处会形成许多褶皱,使得烟雾与燃烧形成的炭末无法进入褶皱深处,从而形成爪状的痕迹。

同时,紧闭双目使得睫毛尖端被烧焦,而根部则由于被眼皮保护而保存完好。这两种表现是生前被烧的重要特征，如果是死后被扔到火场焚尸，当然就没法制造这种特征。

皮肤：无法伪装的外衣

如果确实死于火灾，人的体表皮肤上可见各种程度的烧伤，如红斑、水疱、焦痂，甚至炭化，而且组织学检查会发现血管收缩、出血等生活反应。此外，由于临死前吸入大量的一氧化碳（CO），与血红蛋白牢固结合形成碳氧血红蛋白（HbCO），因此在皮肤相对完好的部位，尸斑会格外鲜红，血液中也能够检测到高浓度的碳氧血红蛋白。而如果是死后焚尸，虽然体表也能够见到不同程度的烧伤，但镜下观察就不会有炎症反应，血液中的碳氧血红蛋白含量也极低。火有没有参与死亡过程，结果是完全不一样的。

热呼吸道综合征：烧死的确证

活人和死人最大的区别在哪里？简单地说，就是呼吸。其实，“被火烧死”只是一种容易被理解的概述，受害人并不一定真的是被“烧死”的。在这个建筑材料和装修材料五花八门的年代，他们很可能因为吸入大量的有毒气体而毙命。

在火场的高温环境中，受害者会吸入大量灼热的空气、蒸汽、烟雾和有毒气体，同时引起反射性呛咳、吞咽，造成喉头、气管、支气管黏膜灼伤，以及大量的炭末、烟灰沉积。这些反应当然也会在尸检时一一呈现，法医会发现这些部位充血、水肿、坏死、有水疱形成，甚至黏膜脱落。呼吸道表面会被炭灰与黏液混合形成的黑色条状物覆盖，肺部充血水肿；而由于吞咽动作，食道、胃内也会有炭灰。在法医学中，这被称为热呼吸道综合征，也是受害者生前被烧死的决定性证据。

即使是在解剖学没有这么精细的古代，法医们也可以通过热呼吸道综合征来判断火场尸体。早在五代十国时期，《疑狱集》中便有对“张举烧猪”一案的记载，这也是世界法医学史鉴别生前烧死和死后焚尸的最早记录。

张举是三国时期吴国(公元 3 世纪)的县令，有一天他接到一对老夫妇的控诉，称他们的房子夜里起火，儿子未能及时逃出而被火烧死，他们怀疑是儿媳与奸夫勾结所为。张举检查尸体后发现死者口中没有烟灰，于是令人牵来两头猪，处死其中一头，并将两头猪同时焚烧，然后发现焚烧前的死猪口内干净，而焚烧前的活猪口内有大量炭末沉积。于是，他断定死者是死后被人焚尸，而并非意外。

在我国第一部、也是世界第一部系统的法医学专著《洗冤集录》(宋代宋慈著)中，也有“凡生前被火烧死者，其尸口鼻内有烟灰，两手脚皆蜷缩；缘其人未死前被火逼奔挣，口开气脉往来，故呼吸烟灰入口鼻内”的记载。

烈焰能够破坏尸体，但不一定导致了死亡。大火能烧尽房屋，但不一定能烧掉证据，或者说，烧和没烧的区别本身就是一种证据。几千年前的法医就已经发现这一点了，如今的法医在探寻真相的技术和坚持上，则走得更远。

突发性心脏病只是一种可能

/战士的后裔/

很多人一辈子都没有、也不想进入警察局的审讯室,于是当出现一个传闻说"疑犯在审讯中死亡,警方尸检称其突发心脏病"时,普通市民只能关注一下,讨论起来也仅限于八卦和猜测的层面,因为如果没有足够的医学常识,很难判断一个人猝死的真正原因到底是什么。这不是能随意凭感觉猜测的,这个工作就交给法医好了。

我们可以从医学层面简单分析一下,这里涉及的是两个问题:是不是突发性心脏病引起了猝死(死亡原因);是什么引起了突发性心脏病(死亡方式)。

组织病理学检验揭秘死因

先来看一个医学证据导致案情转折的案例:一辆汽车撞在路边的树上,车辆损毁严重,驾驶员当场死亡。经过初步调查,警方考虑受害者为驾车自杀,理由有两点:首先,受害者的右脚死死地踩在油门上;其次,解剖发现尸体胃内有大量未消化的食物,且毒物检测发现了毒鼠强。警方认为受害者是服毒后驾车撞树,企图自杀。

然而之后的检测中发现,血液中的毒鼠强并没有达到致死浓度，且服毒后驾车撞树的推断缺乏足够证据，这些都引起了复检法医的关注。为了明确死亡原因和死亡方式，法医采集了受害者的心脏、肝脏和肾，进行了组织病理学检查。在其心脏上，法医发现有冠状动脉粥样斑块形成，明显狭窄，局部狭窄超过 50%。因此断定其为驾车过程中突发心脏病死亡，属于心源性猝死，推翻了先前撞车自杀的结论。

然后，警方再次详细调查了死者的社会关系和案发前的通讯记录。原来，死者生前患有心脏病，冠状动脉狭窄，但是并没有出现任何症状。事发当天，他饭后驾车回家，在行驶中突然接到一个电话，来电者称自己刚刚在其饭菜中投毒。惊恐之下，受害人猛踩油门奔赴医院。此时，由于惊恐和紧张过度，他那狭窄的冠状动脉突然痉挛，导致心脏缺血、缺氧，心跳骤停而死亡。

可见，对于心源性猝死，也就是突发性心脏病来说，我们往往可以通过组织病理学检查，在病理切片下发现冠状动脉狭窄硬化、粥样斑块形成、心肌细胞缺血坏死、纤维组织增生等改变，这些都提示死者生前曾经患有心脏疾病，从而帮助法医判断真正的死因。

至于死亡方式，就是需要警方调查确定了，比如在这件案子中就是由于受害者的过度惊恐。

心源性猝死是猝死原因之首

世界卫生组织（WHO）对“猝死”的定义是从发病到死亡在 1 小时以内的突发性死亡。在中国，通常认为猝死是从发病到死亡在 24 小时以内的死亡。猝死是由人体潜在的各种疾病或者各个重要器官的急性功能障碍而引起的。其中以心血管系统、中枢神经系统和呼吸系统疾病所引起的猝死最为多见，尤其是心血管系统疾病所引起的心源性猝死，高居猝死发生率之首。

猝死具有突然性、意外性和急骤性等特点。多数死者年富力强，外表看似健康，猝死发生前没有任何预兆，或仅有轻微的不适感，没能引起自己和家人足够的重视。猝死发生时，从症状出现到死亡所经历的时间非常短暂，可以是倒地而亡，更有甚者在睡眠中死亡。猝死不仅突然，真实原因也往往和人们想象的相去甚远，所以很容易引起各种法律纠纷。这时候，就需要法医出面进行尸体检验，以明确真实的死亡原因。

在猝死的案件中，可以观察到的有尸斑显著、血液呈暗红色流动性、球睑结膜可见出血点、内脏器官被膜下的塔雕氏斑(Tardieu's spot)等。然而这些改变并不是特异性的，很多窒息、中毒的尸体都有此类改变。因此，单从尸表检查和尸体解剖也很难判断死亡原因，必须要在进行组织病理学检查后才可以做出最终结论。

法医病理学是解剖刀和显微镜武装起来的科学，不是靠普通人的“常识”下结论的。在传播相关的案件信息时，我们也得更加谨慎。如果因为自己的愤怒或震惊而忽略了法医证据，搞错一个人的死因，那对死者真是极大的不尊重。

内脏慢慢消失了

/战士的后裔/

低温停尸间有时候被塑造成很恐怖的地方，有时候则只是被认为很“酷”，还有人在里面吃东西、聊天、安静地学习……电视剧在消解恐怖气氛方面居功不小。因为现实的停尸间里其实不会有什么变化，尸体并不会站起来。但是如果有一天，尸体里的内脏竟然不翼而飞，这可就真恐怖了。

冰冻尸体器官失踪的元凶

人活着的时候，人体的皮肤、消化道、呼吸道内定居着各种微生物，由于正常的皮肤、黏膜具有屏障作用，这些微生物并不致病。但人死后，免疫功能消失，这些微生物以及腐败菌群就会利用尸体大量繁殖，并导致尸体腐败。为此，尸体通常会被冷冻保存，因为低温环境可以抑制微生物的活动。

但是低温只能抵御外敌入侵，却无奈于祸起萧墙——酶的“叛变”才是对机体最大的打击。人活着的时候，细胞内用于保持生物活性的各种酶安分守己、各尽其责。人死后，细胞膜结构被破坏，溶酶体破裂，细胞内的各种酶都会被释放出来，其中许多具有溶解作用的酶当场“变节”,开始从内部进行破坏——如蛋白水解酶,它能使蛋白质等复合物逐渐降解,破坏细胞、组织和器官——这就是所谓的“自溶”。换句话说,自溶,就是人死后细胞、组织乃至器官在细胞内酶的作用下发生破坏、软化、溶解,最终消失的过程。这个自然的生物过程,一旦放在低温停尸间里,似乎就陡增悬疑感了。

由于自溶是由生物酶造成的,因此在低温下(通常储存尸体的温度是－9℃),尽管酶的活性有所降低,但自溶过程却不会停止。而且尸体储存的时间越久,自溶现象就越严重。只有取材后用福尔马林固定,使蛋白质完全凝固变性,才能够阻止自溶的发生。

自溶有顺序,但不固定

自溶并不是一个“突然溶化”的过程,根据酶分布的不同,自溶是有一定规律的。通常来说,含有消化酶、与外界相通的器官更容易发生自溶。

最早发生自溶的是胰腺和肠道。胰腺是分泌器官,能够合成多种消化酶,这些消化酶使得胰腺的自溶发展最快、最严重。即使在冰冻状态下,胰腺也会在人死后短短几小时内发生自溶,细胞核在36～48小时后就完全降解。

肠道内由于同样含有大量的消化酶,所以它也会最先发生自溶。此外,脑、胆囊和胃黏膜也会较早自溶,肾脏、肾上腺、肝脏和脾次之,皮肤的自溶最晚。

- 死后 12 小时，肝脏开始自溶，36～48 小时后肝细胞索和肝小叶结构逐渐不清晰；
- 心肌的自溶较骨骼肌早，死后 12 小时可见细胞肿胀，横纹消失，细胞核固缩，36 小时后细胞核碎裂、溶解；
- 死后 24 小时后，肾脏肾小管上皮细胞开始降解，48 小时后，细胞核就可以完全消失。

当然，这种自溶顺序不是一成不变的，但胰腺总是最早的。而且，由于胰腺位于后腹膜后，被胃、横结肠、肠系膜和大网膜挡着，即使在溶解前也很难辨认，所以一旦胰腺形态受损，就很难对其进行定位与取材。

而且，自溶一旦开始，各器官都会受波及，没有谁能独善其身，一般不会出现仅有个别器官“丢失”、但其余完好的情况。不过，由于脏器在缓慢溶解的过程中逐渐丧失了原有的形态，同时又被包裹在腹腔血液和组织液里，所以尽管它们并不会溶解得“无影无踪”，但鉴定人员有时也很难对其进行辨认。

除此以外，受组织病变或者毒物残留的影响，各器官自溶的速度会发生变化。人为的尸检对此也有影响——通常冰冻尸体被解冻，器官被切开、取材后，自溶都会加速。

因此，要想更好地了解尸体的情况，即使有冷冻设备，法医学解剖也必须尽早进行。

尸体

溺水的尸体会说话

/战士的后裔/

2011 年 10 月 30 日，网络传言湖南省某村的党支部书记疑遭殴打后抛尸，而尸体数天后在资江被发现。在这个案件中，死者究竟是生前溺死还是死后被抛尸，以及死者身上的损伤到底是不是死因，成了人们最为关注的问题。

警方的初步尸检认为死者死于生前溺水，但此结论遭到了家属的质疑，有关方面组织了二次尸检。一旦案件被舆论包围，事情的真相就容易变得更加扑朔迷离。不管是普通读者还是案件相关人，在“质疑”“相信”或者“不知所措”的时候，不妨看看应该关注什么以及法医到底是怎么尸检的。

溺水的“尸体语言”

不会游泳的人在落水后会出于本能地呼吸和挣扎，将大量溺液吸入呼吸道，一方面引起呼吸功能障碍，全身各组织器官严重缺氧，另一方面溺液通过肺毛细血管进入血液，引起溶血和心脏负荷增加，最终使人死于窒息和循环衰竭。也正是由于水的作用，溺死者在尸体特征上的表现明显不同于其他的机械性窒息。

由于水温远低于体温，所以溺死尸体的尸温比室温环境中下降得更快，通过尸温推断溺死者的死亡时间时，法医也往往适当缩短计算时间。由于落水者在冷水中剧烈挣扎，因此溺死尸体的尸斑分布不明显，但冷水刺激会加速尸僵的形成。

如果是生前落水，由于呼吸作用，冷水大量进入呼吸道，刺激呼吸道黏膜分泌大量富含粘蛋白的黏液，这些黏液连同溺液、空气混合在一起，在呼吸道内形成大量的白色泡沫，并随呼气运动排出呼吸道，在口、鼻孔周围形成蘑菇样的白色泡沫。这被称为蕈样泡沫，它表明当事人落水时仍有自主呼吸，是判断是否生前落水的重要依据。此外，溺死者手中和指甲中的异物也可以证明他生前曾剧烈挣扎。

生前溺水者的体内特征

每种死亡方式都有相应的特征，就像前面说的，车祸和火场死亡的特征是无法伪造的。溺水死亡也会产生这种特征，溺死者会吞入大量的溺液，这些溺液会充满上呼吸道，甚至会到达消化道中。

当溺液进入肺部后，肺的通气和换气功能受限，各级呼吸道内的大量泡沫使得呼吸变得极为困难，此时肺泡腔内含有大量溺液和组织渗出液，同时部分肺组织内二氧化碳潴留，形成肺气肿。尸检时可见双肺体积明显增大，重量增加，肺表面有肋骨的压迹，边缘钝圆，触之有揉面感。肺脏表面颜色浅淡，光泽感增强，整体呈浅灰色，其中夹杂着淡红色的出血斑块，这就是“溺死斑”。

除了肺部外，溺液还会通过肺部的毛细血管进入血液，进而随血液通过肺静脉回流到左心房和左心室，导致溺死者左、右心腔内的血液成分有所不同。同时，溺水导致的缺氧会使交感神经兴奋，脾脏收缩，将血液排出以增加携氧能力，供全身各重要器官使用。此时，脾脏收缩，包膜皱缩，呈高度贫血状态，而肝脏淤血明显。其他各器官均会出现明显淤血，黏膜下可见点状出血（tardieu's spot），符合窒息死亡的一般表现。

尸检如何判断死亡原因？

在湖南省的这个案件的新闻发布会中，公安局副局长提到：“通过‘硅藻实验’，鉴定了是生前溺水死亡。”

那这个“硅藻实验”是什么？硅藻实验，即在溺死者的血液循环中检验浮游生物，尤其是硅藻。如果是生前溺水，溺液被大量吸入肺内，其中的硅藻通过肺泡壁扩散进入毛细血管，随血液经肺静脉回流到左心房，进而进入血液循环，扩散到全身，分布在心脏、肝脾、肾、骨髓，乃至牙齿中。呼吸作用是浮游生物经肺脏进入血液的唯一途径，所以，内脏器官和血液中检测出的浮游生物对鉴定生前溺死有着重要的价值。同时，不同的水体里，硅藻的种类不同，借此也可以判断发现尸体的地方是不是溺死的第一现场。

据新闻报道，二次尸检结论需要“等内脏取材、化验结果出来后，才能做出”。这里提到的内脏取材，一般是通过器官组织切片、病理诊断等手段，判断尸体是否有因溺死者生前本能呼吸和挣扎所导致的生活反应。

溺水死亡尸体的生活反应

部位	生活反应	原因
口、鼻孔周围	蕈样泡沫	溺水时的呼吸作用
肺和呼吸道	水性肺气肿，呼吸道内有泡沫和溺液	
呼吸肌	呼吸肌群出血	溺水时的呼吸和循环存在
心脏、肝、脾、肾、骨髓等内脏器官	检出硅藻等浮游生物	溺水时的血液循环存在
心脏	左、右心腔血液成分存在差别	
肝、脾	肝淤血和脾贫血并存	溺水时的交感神经反应和血液循环存在
胃和十二指肠	溺液、水草和其他异物	溺水后的吞咽动作
手	手中握有水草等异物	溺水后的挣扎动作

这些生活反应就是溺水死者的“尸体语言”，也是他杀无法伪装的。如果是死后抛尸伪装溺死，往往可以在尸体身上发现其他致命的外伤，或在体内检出致命的毒物，但不会出现上述的生活反应。

在湖南省的这个事件中，死者的身上还出现了几处肋骨骨折，警方认为肋骨骨折是尸体漂流时的碰撞所致。那么，肋骨骨折在生前溺死的死者身上也会出现吗？

尸体在漂流时，肋骨确实可能会因碰撞而骨折，甚至被船舶的螺旋桨切割，形成平行的锐器损伤。但这样的肋骨骨折只可能在体表形成擦伤，不会有皮下出血和肋间肌的出血。生前的骨折，往往伴有擦伤、挫伤和肋间肌肉的出血，它会把骨折部位的肌肉浸润，而死后的骨折则无法伪装这种出血。所以，只要判断肋骨骨折处有没有这些生活反应，就可判断骨折是否是生前造成的。

自杀溺水和他杀溺水可以区分吗？

只要抓住溺水后各个器官的生活反应特点，生前溺水和死后抛尸一般不难区分。然而，即使确定了溺水身亡，要判断死亡方式也必须格外谨慎，还要排除他杀溺水的可能。

自杀溺水者符合生前溺水身亡的特征，身上没有其他的损伤，或仅有轻微的损伤。这些损伤可以是死者生前形成的，也可以是死后形成的，都不能致命。有时尸体上还可以见到采用切腕、刎颈等方式自杀失败后留下的试探伤。此外，自杀者往往为了自杀成功而将自己捆绑，或在自己身上捆绑重物后投水。这些捆绑往往较松，绳结特点符合本人的生活习惯，捆绑方式也是死者本人可以形成的。

而在他杀案件中，当事人往往被捆绑或系上重物后弃入水中。在尸体身上可以见到绳索捆绑，捆绑通常较紧或留下明显的捆绑痕迹。此外，也会检测血液中的毒物，因为需要排除强迫受害者使用酒精或镇静催眠药等药物后，在意识不清、反应迟钝状态下实施的他杀行为。同理，如果受害者遭到殴打失去行动能力后被抛入水中，也可能会出现生前溺死的尸体特征。但在此类案件中，尸体表面往往会出现明显的生前外伤,即前面提到的具有生活反应的骨折和挫伤等。

另外,这里我们仅仅讨论了典型的溺死和溺死时的尸体现象。事实上,在法医学上还有一种“干性溺死”或“水中猝死”,是某些神经敏感体质的人落入冷水后,由于水温刺激皮肤的神经末梢,引起迷走神经兴奋和反射性的心跳骤停而死亡,或是患有潜在心脏疾病的人在游泳时心脏负荷增大,突发心脏疾病而死亡。这两种情况并不符合溺死的尸体征象,需要法医经过全面、细致的尸检,排除其他所有的死因后才能最终判定,是法医学鉴定的难题。

尸体是会说话的,这种无声的“语言”不能被任何犯罪行为所改变和伪装,而是忠实地讲述着死亡发生时的每一个细节。法医,正是在与亡灵的对话中破译着“尸体语言”所表达的一切,最终还原死亡的事实。而最后湖南官方公布的复核结果,认为死者是溺水死亡。

真化成灰了还能检吗?

/Kenny/

法医要检测的是尸体上的证据,但是如果没有证据了呢?比如尸体都烧成灰了,皮肤、尸斑、脏器、淤血、内外伤,什么都找不到了。只有一堆灰,这下凶手该松一口气了吧。那么我们得仔细看看,除去汽油涨价和火灾危险不说,“烧成灰”真的是一种优秀的毁尸灭迹手段吗?

焚尸难,焚干净更难

试图用火来毁尸的人一定是受了“骨灰盒”这个词的影响。没错,骨灰确实是火葬的产物,不过火葬也不是一烧就变成灰的。

如今的火葬都是在大型的工业熔炉中进行,使用丙烷或天然气做燃料,燃烧温度高达 1200～1500℃。对于一具 60 千克的尸体来说,需要持续燃烧 1～2 小时才可以将尸体的组织烧尽,并融化部分骨头。怎么样,这个强度你能在后院里做到吗?

而且,火葬场就算是烧足了两小时,也没法把尸体烧成粉儿。像股骨(也就是大腿骨)这样大块儿的骨头一般是烧不干净的,有的火葬场会使用一个大型的搅拌机把被烧软了的骨头搅碎,这才有了我们印象中的“骨灰”。

就算是这样,还会有牙齿、耳环、心脏起搏器之类的东西烧也烧不干净。新闻里也经常出现男性死者骨灰里发现个发卡之类的怪事。

骨灰中的真相

当然了,凶手应该也很少考虑正规的火葬场吧,总不能扛着尸体说:“师傅,给您包烟帮我烧个人吧。”要自己焚尸,可行的办法也就是去加油站加点汽油(有钱可以买 97 号,辛烷值高,燃烧慢),然后偷偷摸摸地找个犄角旮旯点了,还得怕邻居发现。这肯定达不到火葬的温度和强度,也就没法快速毁尸灭迹了。拿汽油烧,最多可以破坏尸体的外表,比如指纹、面相等,把人烧成黑炭一样的东西。

当然,如果你确实资源丰富,连火焰喷射器或者焚化炉都能找到,也真的把人烧成灰了,法医还是可以从“残渣”中发现端倪。

作为人体最坚硬的器官,牙齿自然不怕烈火的考验,而牙齿也正是法医定真凶的重要线索。除了牙齿,尸体身上的金项链和其他残留物也会给侦查人员指明方向。另外,法医们还可以在骨头里和焚尸残留物上提取相当量的 DNA 残留物,有了 DNA,你就知道可以得到些什么了。

狗熊掰棒子，顾此失彼

虽然尸体是凶杀案的中心，但是真实的破案过程和《犯罪现场调查》《夏洛克·福尔摩斯》可差得远。骨头碎片、DNA也并不是全能宝物，一下就能把凶手点出来。电视剧里不管故事还是技术通常都会大大夸张，这样给读者营造了一种“警方侦查技术如开天眼”“法医学断你前世今生”的华丽效果，能增加观众的安全感和对破案的信心是一件好事，不过也可能会让大家有不切实际的希望。

破案就像解决一个大型的谜题，可谓条条大路通罗马。如果尸体这条路走不通，那么就会有现场勘查、目击者寻找、人际关系调查等方式方法。大部分凶案都不是凭借单独一种证据来破案的，没准一个路过的拾荒者或隐蔽的监控摄像都可以将嫌犯绳之以法。

并不是所有的罪案都是经过精密设计的，那些临时性的犯罪很可能会在无意中留下大量的信息。而就算是预谋好的犯罪，也很难顾及所有的层面。仅仅一个疏忽，警方就可以顺藤摸瓜，解开谜团。

剪刀、锤子、电锯

/板砖/

法医学对于犯罪现场调查来说相当重要,所以整个法律系统对于法医学研究非常重视。在法医学研究的众多方面中,尸检是一个重要的部分。尸检是对人死后遗体的检验,目的在于获取对案件有意义的证据。

尸检的第一步要做什么?当然是要先确定你所检验的真是一具“尸体”——确认死亡。这可不是玩笑,在法医学专家理查德·普瑞森(Richard Prayson)所著的《对死者的诊断:尸检》(*Diagnosis from the Dead:The Book of Autopsy*)一书中就记录过3个倒霉的验尸官:由于现场人员忽视了确认死亡这一步,这些“尸体”被送到太平间后居然又“活”了过来……简直吓死人了。还好验尸官都是见过大世面的,总之,确认死亡绝对是尸检的首要步骤。

尸体外观与死亡时间

在现场的法证人员放行后,尸体会被装进一个全新的密封尸袋,以防止证据在运输过程中受到污染或丢失。如果不立即进行尸检的话,还需要将尸体先放入冷藏室储存。

在尸体到达验尸官手里后，需要进行一系列的检验，来确定死者的身份、死亡时间、死因等信息。死亡时间的确定是犯罪现场调查的一个重要内容，而尸检则是获取这一重要信息的唯一途径。在确定死亡时间时，法医需要通过多方面因素来共同考虑。

- 尸温：平均来讲，在死亡初期的6～8小时以内，尸温每小时下降约1.8摄氏度，然而尸温同时也会受到其他因素的影响，比如穿着衣服的尸体可能温度下降就会慢一些。尸体所处环境（比如一直在空调房中）的温度同样也会影响到尸体的温度，所以法医需要用特定的方法修正这些因素所带来的影响。

- 尸僵：在死亡后，脸部肌肉会首先僵硬（大约在死后1～4小时以内），四肢在死后4～6小时内开始僵硬，全身则在死后12小时内完全僵硬。

- 尸体特征与尸斑：在尸检中，除了尸体的外部特征（如年龄、性别、体重等），所有可见的内部以及开放性伤口都要进行详细的纪录。另外，在人死亡后，由于体内循环的停止，血液和体液会因重力作用而向人体下部积累，形成紫色斑点，也就是尸斑。如果尸体在死后被移动，这一积累的程度有可能发生明显的变化。除此之外，法医专家还能够基于死者的眼球对于死亡原因进行初步判断。例如，窒息而死的尸体眼白处会出现大量血丝，而一些被人体吸收的有害物质也会在眼球中积累。

正式解剖，抄家伙！

在对尸体进行解剖前，法医需要从尸体的口腔、手、肛门、外阴、指端采集样品，如枪弹残留物、药品残留等。此后，将尸体放到不锈钢制的尸检台上，并在其背后放上一块“垫尸块”——以使尸体胸部突出，便于操作。

首先，法医会从肩胛骨部切出一个 Y 形的切口。随后使用解剖刀剥离皮肤，将胸部皮瓣翻起，盖在死者面部，以便对内部的器官进行检验。少数情况下，Y 形切口也可以在背部切出。

之后，法医会将尸体的肺、胃、肝脏、心脏和肾脏切除，并对它们进行称重，采集组织样本，以供后续的病理分析。对于胃来说，还需要进行开胃检查，分析胃的内容物，来确定死者生前到底吃了什么。

最后，法医会将尸体的颅脑打开并对内部进行检验。为了完成这项检验，法医会先在尸体的头顶开一个较浅的创口并将皮肤拉开，之后用电锯锯开颅骨，撬开颅盖，暴露出脑。

完成了上述全部尸检步骤后，还不算完，尸体还敞开着在那里摆着呢。法医会根据需要，将取出的器官放回或焚烧掉，随后将敞开的胸部和头骨缝合，尽量恢复原状。

在所有的检验过程中，法医通常会使用许多种类的尸检工具——其实和医用手术器械差不多，下图就介绍了几种常用的手术器械。

两种解剖刀，比手术刀刀片更韧、更长，用于剔除、切除更深层的组织

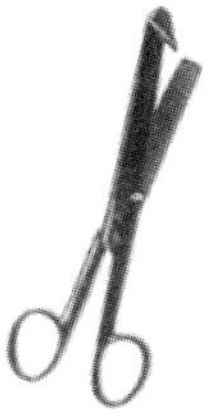

肠刀，用于剪开肠子

肋骨刀，用于剪断肋骨

有齿镊，夹取较重器官

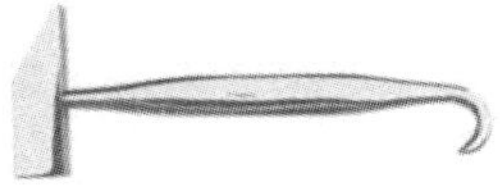

钩锤，从颅骨上拉下颅盖

颅骨凿，凿开颅骨

骨锯，切割颅骨及各种骨头

除了上面的骨锯，还有更方便的家伙——电锯。

这些工具让尸检过程更有效、更方便。不过法医学发展非常迅速，除了这些传统方式外，现在还有一种无需动刀的虚拟尸检。

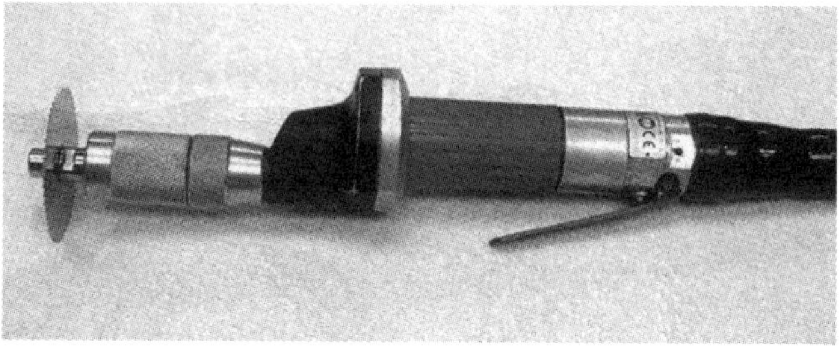

电锯

虚拟尸检,信息保持长久,证据完整

如果你看过《犯罪现场调查·纽约》,那你对虚拟尸检(Virtual Autopsy)一定不陌生。法医常常拿一个特殊的扫描仪把尸体全身上下扫描一遍,然后就可以在房间中投影出一个三维立体的虚拟人体,其中所有细节都清晰可见,而且这个虚拟人体还可以不断放大,让一个胃变成整个房间那么大,人们可以直接站在他的胃里查看内部损伤……不禁让人感叹,纽约的设备真高端!

当然,真正的虚拟尸检肯定不会是电视剧里那般简单,它要用到多种扫描、成像、绘制技术才能形成一具虚拟尸体,所获得数据的精度超过毫米级。

传统尸检最大的问题是,鉴定所获取的数据完全依赖于法医的细致程度,一旦有些细节当时没有被描述,尸体火化后,这些细节就再也无法获取了。而虚拟尸检则可以永久保留尸体所包含的一切信息。

虚拟尸检的流程一般是:首先对尸体进行密封和预处理,然后做 CT(计算机断层扫描),如果需要进行脑部扫描,则先做 MRI(磁共振成像)再做 CT,因为 MRI 对于脑部的扫描要优于 CT。在扫描过程中,尸体一直处于密封状态,这样保证了它的完整性,在进行其他更深入研究之前,不会使原始证据遭到破坏。

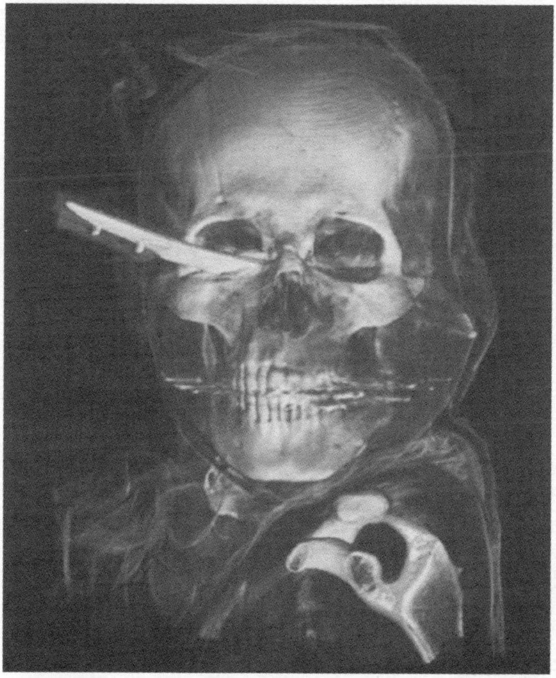

图中尸体中的金属物体可以很容易地在 CT 图像中定位。在这个例子中,一把刀插入了尸体的面部,而 CT 图像证明这并不是死亡原因

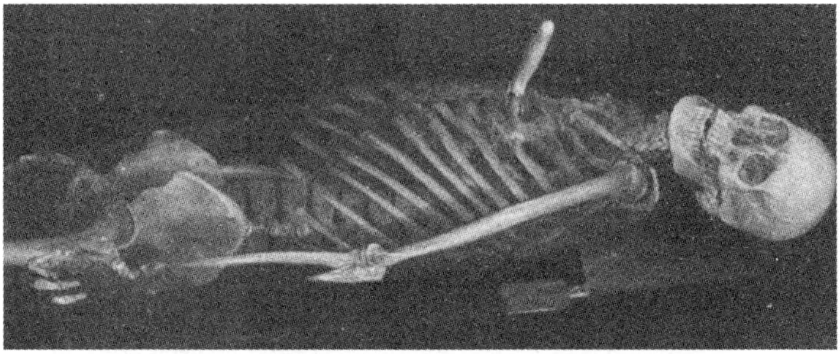

这幅 CT 图像所呈现的案例中,致死的原因是插入被害者心脏的一把刀

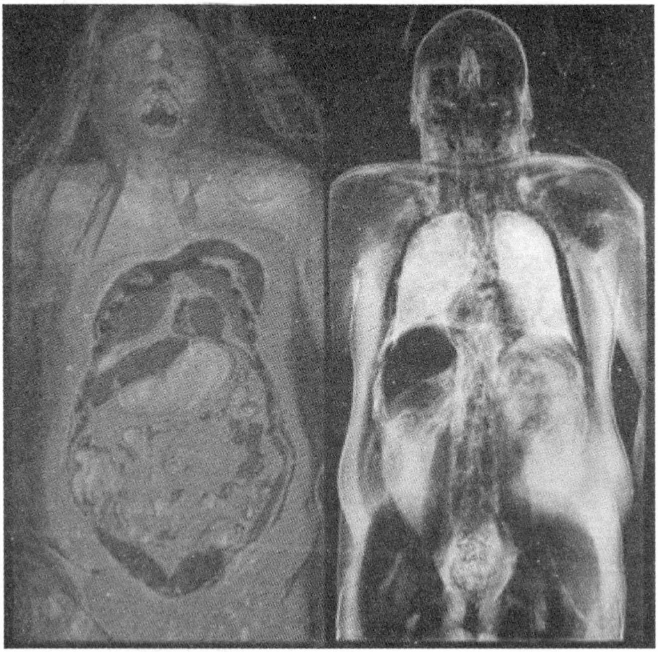

CT 可以实现很多传统尸检无法做到的事情,比如检测体内气体分布。另外,不同的参数设置可以使 CT 图像获得更有针对性的信息:左图展现了尸体的软组织特征,而右图呈现的是体内的空气分布特征

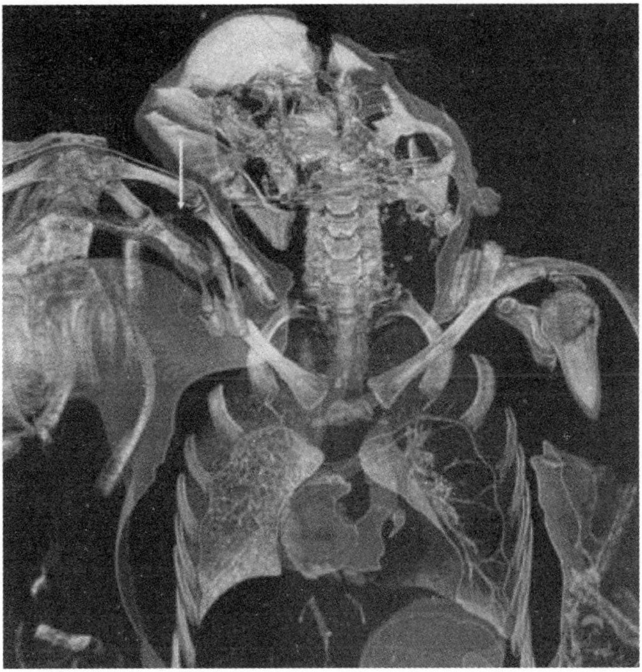

CT图像发现了在尸体中细小的弹片，而传统的尸检很难发现这一类细小的金属物体

高精度扫描带来超大数据量

除了能够长久保存信息以外，相比传统手段，虚拟尸检还具有以下几大优势：

- 可以在短时间内获取大量人体信息，包括一些传统手段难以获得的数据，比如全身骨骼的图像以及体内气体的分布；
- 验尸前后尸体没有任何变化，既不影响后续研究，又不会对

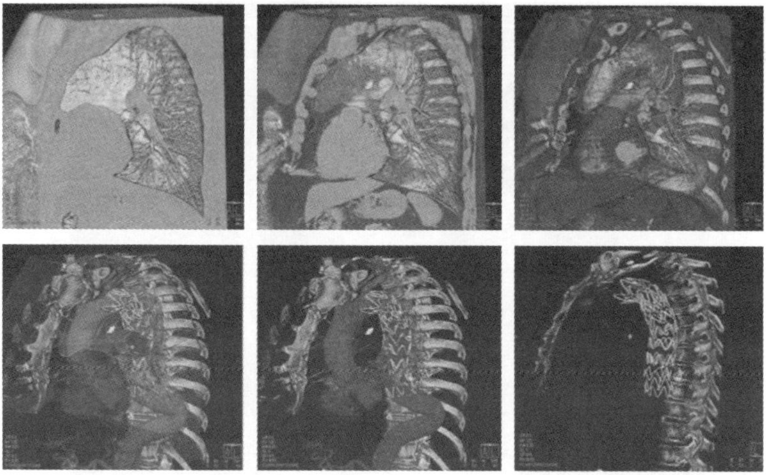

3D绘制技术获取的无缝图像展示了从皮肤到骨骼的所有细节部位的情况

证据造成破坏，同时解决了很多人由于宗教或其他原因拒绝传统尸检的问题；

- 由于无需接触尸体，虚拟尸检可以避免研究人员感染尸体所携带的疾病。

但是虚拟尸检同样也面临不少问题，其中最重要的就是：高精度扫描带来的数据过于庞大，让检索和处理都变得非常困难。

现在，虚拟尸检还只是传统尸检的补充。未来，在解决数据分析等技术问题的同时，研究者还将为虚拟尸检制定标准程序，使其自动获取尸体的基础信息，比如身高、体重、性别、受伤情况、体内异物以及可能的死亡原因等。

这样的标准程序可以让虚拟尸检变得自动化和高效率，进而大大缩短鉴定时间。例如在突发灾难导致大量人员死亡的情况下,虚拟尸检可以很快获取所有遇难者的信息。不过如今这项技术成本很高,也还在发展中,我们就先盼着有一天它能变成简便实用的技术吧。

又一个独一无二的特征

/苏木七/

我们每个人都是一个巨大的细菌培养基——从手掌到脚底，从口腔到肠胃，无处不见细菌的身影。一个健康成年人身上的细菌总数，比他身上所有的细胞总数还要多，这个比值甚至可以达到10∶1！而随着微生物学和法医学的发展，这小小的细菌也能成为破案利器。

人体细菌分布

2007年以来，美国科罗拉多大学博尔德分校（University of Colorado at Boulder）的一个研究小组一直致力于“人体微生物计划”（Human Microbiome Project）的研究。通过对9名健康志愿者身上27个部位的细菌群落长达3个月的深入分析，他们发现，人和人之间的细菌群落分布是有差别的，这种差别高达80%～90%，并且同一个体不同部位的细菌群落分布也不同。

研究小组曾对51个人手上的细菌群落进行分析。研究发现，每个人每只手上大约会有150种细菌，而他们共发现了4200多种细菌，其中只有5种是这51人所共有的，并且两个人手上所拥有的同种微生物只有13%左右。由此可见，细菌的个体差异性是多么显著。

更重要的是，身体的这些细菌组成比较稳定，很少有较大的起落变化。什么？使劲洗手？别妄想了，即使你暂时杀掉了手上的细菌，它们也很快就会卷土重来，恢复原状。

细菌指认身份

当我们触摸物体时，会在物体表面留下我们手上的细菌，而这些细菌是独一无二的，因此可像指纹那样用于身份识别。

研究人员从3台私人电脑的键盘上取出一些细菌，并对其进行DNA测序分析，确定细菌种类。在通过与被调查者的手上细菌进行比对分析后，他们成功地找到了电脑的主人。

在另一个实验中，研究人员通过从9个鼠标上提取出的细菌菌群，也成功地找到了其使用者。并且，在和人类手掌微生物数据库中的270份样品进行比较后，研究者发现鼠标上的细菌菌群样本更接近其使用者，也就是说，在这个案例中，细菌指纹可将单独的个体从群体中分辨出来，并且不会出现误判的问题。

阴毛细菌，铁证如山？

在性侵案件中，一个重要的证据当然就是DNA。然而，犯罪分子的犯罪手段也在不断升级，一个小小的安全套，就能阻止绝大部分DNA证据留在受害人身体里，给警方的追诉带来严重的挑战。

而澳大利亚默多克大学的法医生物学教授西尔瓦娜·特里迪科则开发出一种新的技术,可能会有助于此类犯罪中的取证和证明:比较嫌疑人与受害人阴毛上的细菌菌落情况,来确定他是否就是性侵的罪犯。

人体中有很多细菌,毛发上也不例外,阴毛上的细菌种类更多:男性大概有 73 种,女性有 76 种,而这其中绝大多数细菌都不是致病菌。但是,一个很奇妙的现象是,每个人所携带的这些细菌的种类并不完全相同,就像是我们的指纹一样具有独特性。

因此,一旦嫌疑人与受害人发生身体上的密切接触,则依照本书后面会介绍的罗卡定律,两人之间就会发生物质交换——包括阴毛上的菌群。交换的结果,就是两者的阴毛细菌的种类会趋向于一致,相似度越高,则说明两者的阴毛发生过密切接触的概率越大,嫌疑人也就越可疑。

当然,该技术目前仍处于实验室阶段,倘若能转化为实用技术,应该会是法证科学上的又一次重大突破。

指纹、DNA vs 细菌

你可能会问,既然都直接分析手上的细菌证据了,为什么不直接分析真正的指纹呢?这是因为,在一些物体(如多孔的布料)上不容易留下指纹。并且,随着时间的流逝和环境的影响,指纹容易变得模糊,不易采集。而细菌可以在任何材质上留下来,并且在室温下可以保留两周，且不会受到温度、光照和湿度等环境变化的影响。

另外，和 DNA 证据相比，细菌证据也有相当的优势。对于 DNA 来说，除非能在犯罪现场找到血液、精液或者唾液等人体组织成分，一般很难获得足够的 DNA 进行分析。而经手掌接触过的物体，则会留下大量的细菌。即便对于 DNA 一模一样的双胞胎而言，他们的细菌指纹也是不一样的。

不过，细菌指纹研究也有不少局限之处。在这项研究中，样本量不算多，因此无法十分肯定地推断每个个体之间的细菌特异性到底有多大。此外，该研究中的样本比较单一，如果样本来自多个人的混合菌群，最终检测的结果可能像一个不相干的人。

尽管细菌指纹是否能成为有效的法医工具还有待检测，但我们或许可以期待在下一集的《犯罪现场调查》中看到它的应用。

给溺死的苍蝇做次尸检

/Kenny/

通常来说,法医病理研究都是针对人类,再退一步也是针对哺乳动物的科学。但有时候“罪案”的证据并不在人身上,为了收集和分析证据,法医们也只能把专业技能用在“非人”的身上。杭州曾有一名消费者在打开某知名品牌酸奶时,发现了一只苍蝇。在进行索赔时,厂商竟然要求她对苍蝇进行“尸检”,确定苍蝇的死亡时间,以此判断苍蝇“是否是在死后被抛尸”。

确定水中发现的受害者是否死于溺水确实是法医病理学的一项重要任务,所以,我们也只能勉为其难地根据人类溺水的一些病理特征来推测一下:怎么给苍蝇做尸检?

溺水死亡和死后抛尸

前面讲过溺死的人类尸体会有哪些特征,也对自杀、死后抛尸、伪装溺水等不同情况做了分析。

总的来说,活人在溺水过程中会呛水,所以喉头、气管以及支气管的黏膜处会出现上皮肿胀、充血和出血,并且会有被吸入的泥沙、水草等水中异物。而死后抛尸的话,由于没有主动呼吸,所以仅在死者上呼吸道会出现少量液体。另外，还有典型的生活反应水性肺气肿的检测，胃肠道内是否有与溺水现场相同的溺液，以及内脏淤血、身体各部分出现的硅藻与泥沙都可以作为判断死因的证据。而根据水温、气温的不同，尸体现象的发展速度也不相同，而这也可以成为推断死亡时间的重要证据。

然后我们来看看苍蝇。一般说的苍蝇，是家蝇(*Musca domestica*)，属于昆虫纲双翅目。昆虫纲的呼吸系统是由气门、气管和气囊组成的气管系统。其中气门可以自由开启、关闭，不过在绝大多数情况下，气门是关闭的。只有当氧气不足时，才会开启气门进行气体交换。

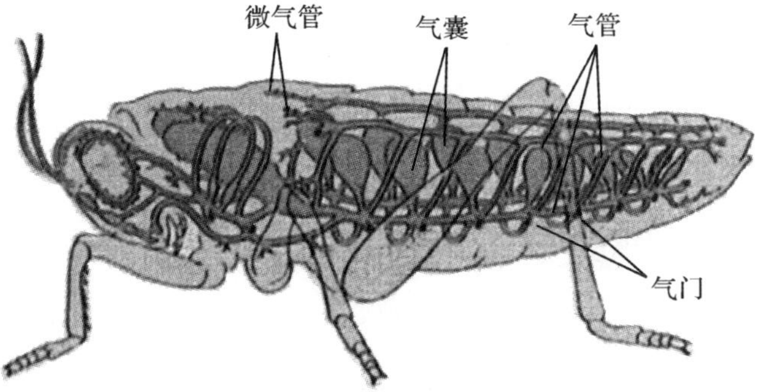

那昆虫会被淹死吗？可以确定的是，昆虫的确会因为缺氧而死亡。威尔士国家博物馆的罗伯特・查尔德(Robert Child)就曾经对“昆虫窒息实验”进行过研究。不过其实昆虫所需要的氧气非常之少：在含氧量为0.03%、20℃的条件下，烟草甲(*Lasioderma*

serricorne)需要 9 天才可以被完全杀死。而在著名的《流言终结者》节目中,蟑螂在被放进水中浸泡半小时后,仍然能在第二天恢复活力。可见,当昆虫落入水中时,他们可以选择关闭气门,来避免自己的呼吸系统进水。而在水分排净后,仍然可以重新上阵。

虽然没有找到苍蝇的"溺水试验",不过在指导类网站 eHow 上,有一条名为"如何拯救溺水苍蝇"的词条。词条认为,苍蝇可以在气门关闭或被堵塞的情况下存活很长一段时间,所以只要排出苍蝇气门与气管中的水分,就可以让苍蝇"复活"。不过我身边没有合适的苍蝇,没法立刻验证真伪。

但是如果这事为真,那苍蝇尸检可就不好办了,因为就算苍蝇的气门进水,由于没有像人类那样的血液循环系统和主动呛咳,可能也不会出现像人类那样的病变反应。所以,也就很难分清苍蝇到底是"溺死"还是"死后抛尸"了。

酸奶不可小觑

另外,关于案件中的溺液酸奶,也有很多细节需要考虑。正常来说,酸奶在发酵完毕之后的包装过程应该是全自动的封闭系统。所以如果有苍蝇混入(不管是自愿的还是被拍死后落入),那应该都是在之前发酵的阶段。

由于发酵过程以及后续的冷藏过程持续时间都比较长,发酵之前落入的苍蝇有很长的时间浸浴在酸奶中。而人为打开酸奶后再抛尸,尸体与酸奶接触时间则比较短。因此,我觉得可以从以下两点来检验。

• 显微检验。苍蝇表面布满疏水的绒毛，因而接触酸奶时间较短的苍蝇表面应该能观察到大量没有被完全浸湿的绒毛。

• 苍蝇体内乳酸菌的数量差异（生产过程中落入的苍蝇体内应该含有更多的乳酸菌）。这个也比较好检验，解剖苍蝇并取样培养然后计数就行了。

总结一下，对那些想给苍蝇做尸检的人，我们提供以下建议。

• 对苍蝇进行外伤检验。如果苍蝇是死后被抛尸的话，那么它很可能是被报纸、苍蝇拍、电蚊拍等打死的。而这些死法一定都有特殊的外伤特征，比如被拍扁、被烧糊之类。

• 当然这也不能最终确定苍蝇是否死于溺水，所以一个对照实验仍然很有必要。

• 准备一堆可怜的苍蝇，然后把它们分为溺死组和抛尸组。对于溺死组，将它们放入酸奶中，直到它们死亡。（至于苍蝇的死亡标志是什么，还需要继续讨论）对于抛尸组，可以分别使用窒息、毒气等手段致死，然后抛尸到酸奶中，浸泡与溺死组相同的时间。

• 在解剖镜下观察气门和气管的情况。要考虑黏稠的酸奶堵塞气门的情况。

需要声明的是，这里所有内容都不能作为证据与调查手段，我们只是本着一些科学事实，进行推测和探讨。如果能引起大家对法医学分析的兴趣或者提供一些新的思路，那就最好了。希望大家能提出自己的“苍蝇尸检”办法。

法医基础培训

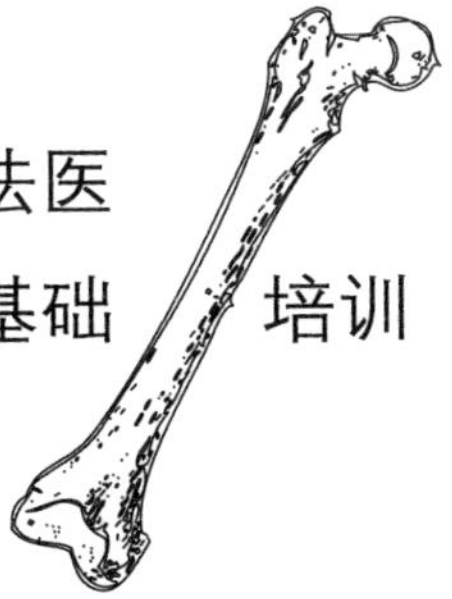

从骨骼鉴定性别

/心房/

法医会利用各种线索，比如指纹、血液、牙齿甚至伤口情况来鉴定死者身份，为警方提供必要的信息。而如果这些都没有，只剩下一副骨骼，甚至是部分骨骼，在现代法医学的镜头下，凶手也无侥幸的可能。曾有一个案件，凶手把藏匿在井底的受害者遗骸找了出来，并扔进了河里，认为绝对万无一失。但仅仅一周后，他被捕了，被控告杀害了自己的亲生女儿，且毁尸灭迹。让他露馅的不是被丢弃在河底的遗骸，而是遗漏在井中的 3 块骸骨。

根据区区 3 块骸骨，法医做出了精准的报告：死者是一个年龄在 23～25 岁的年轻妇女，身材矮小瘦弱，至少有过一次怀孕史。她的左腿比右腿短，很显然是个跛子，有可能小时候患过小儿麻痹。死因是被自制的散弹枪击伤，而枪伤后导致传染性腹膜炎死亡。

就是通过这份报告，警方将凶手抓获。在这 3 块神奇的骸骨中，有 2 块髋骨(由髂骨、耻骨、坐骨融合而成)、1 块骶骨。这 3 块骨头组合在一起，就是人类完整的骨盆。

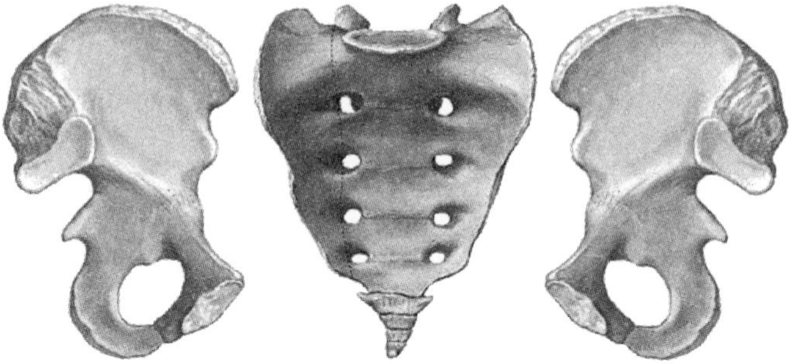

两侧为髋骨，中间为骶骨。3 块骨头组合在一起，就是骨盆

由于骨头小而轻，可推断死者身材矮小，身体瘦弱。由于髋骨要到 23～25 岁才融合，所以未完全融合的髋骨揭示了死者的年龄。骨盆中的凹槽说明，死者怀过孕。由于死者右侧髋骨比左侧髋骨大而重，所以她的右股骨可能比左股骨大，也就是说，死者小时候可能就已经残废，最可能的原因就是小儿麻痹。

当然，此案中最关键的一步，就是确定死者的性别。在法医学实践中，常常需要根据骨骼判定死者的性别。不仅是白骨化的尸体，还包括高度腐败的尸体，在火灾、空难事故中严重烧伤的尸体，或者碎尸案中发现的残肢、断臂等。而骨盆，正是确定死者性别的最重要位点。

青春期之后的差异

青春期之前，男、女两性的骨骼性别差异并不显著。进入青春期之后，由于激素的作用，骨骼形态开始分化。总体形态上，男性骨骼变得较长、较大、粗壮、厚重。而男性较发达的肌肉，会对骨骼进行牵拉或挤压，造成骨骼表面较粗糙，并有明显的突起。女性骨骼则比较短小、轻薄、纤细、骨表面光滑。不过由于受到各种因素的影响，如营养、运动、遗传、种族等，会造成少数骨骼介于男女之间，不易推断和判定其性别。

一般情况下，鉴定人员会通过以下部位进行判断：根据成人全骨或骨盆，判断性别准确率可达 95%；根据成人颅骨（含下颌骨），判断性别准确率可达 90%；根据成人颅骨（不含下颌骨），判断性别准确率可达 90%；单根据长骨（四肢骨），判断性别准确率可达 80%。

骨盆的性别差异

骨盆是位于躯干与自由下肢骨之间的骨性成分，起着传导重力和支持、保护盆腔脏器的作用。

在人类骨骼中，骨盆的性别差异十分明显，这主要是由于男女两性骨盆所担负的生理功能不完全相同所致。一般来说，男性的骨盆粗壮，高而窄，坐骨大切迹窄而深，耻骨联合部较高，耻骨下角小；女性的骨盆浅而宽，骨面细腻，坐骨大切迹宽而浅，耻骨联合部较低，耻骨下角大，常有耳前沟。

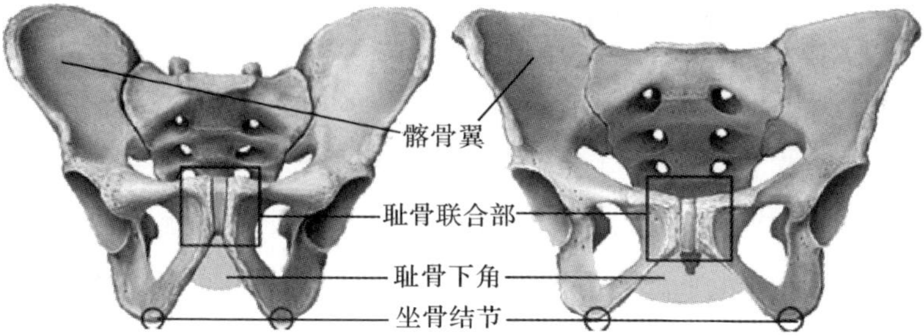

• 耻骨下角(又名耻骨弓):男性 70°～75°;女性 90°～100°。

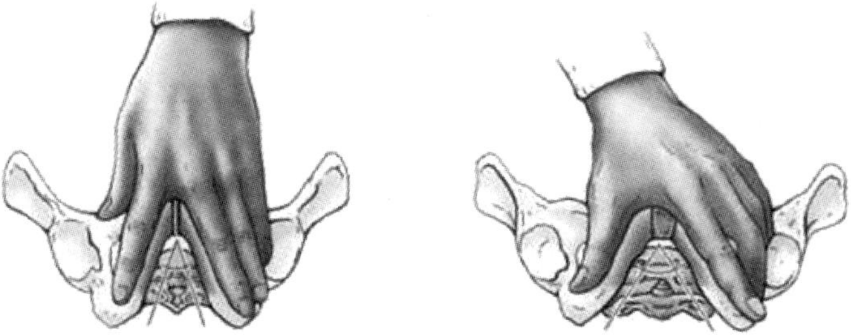

这是检测耻骨下角角度常用手势

• 耻骨联合部:男性较高,女性较低。

• 坐骨结节:这是我们平时就座的时候,支撑人体的重要骨性结构。男性两侧坐骨结节<9 厘米,女性>9 厘米。这也能说明男性骨盆下口狭小,女性骨盆下口宽大。

• 髂骨翼:男性的髂骨翼厚实、高而直,女性则薄而透光、低而外张。

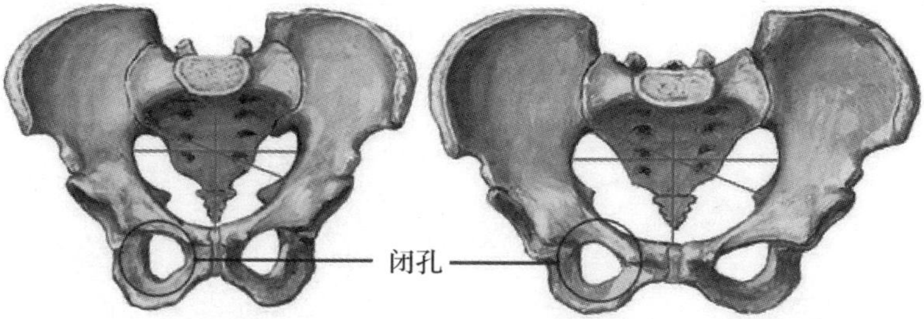

男性骨盆　　　　　　　　　　女性盆骨

• 骨盆上口：男性呈心形，横径＜纵径；女性呈横椭圆形，横径＞纵径。

• 闭孔：男性近似圆形，女性近似三角形。

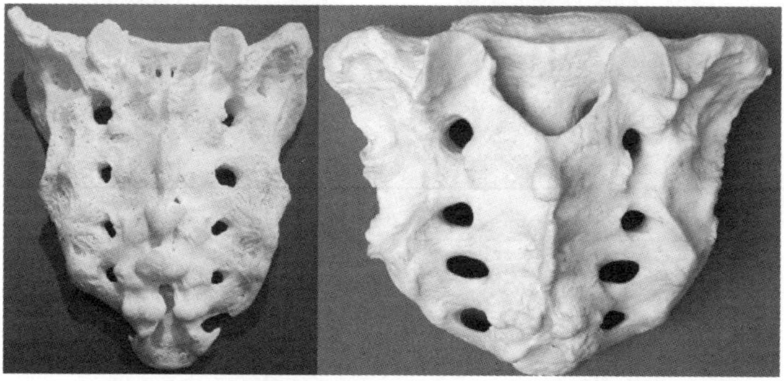

男性骨盆　　　　　　　　　　女性骨盆

• 骶骨：男性近似等腰三角形，女性近似等边三角形。

颅骨的性别差异

除了骨盆以外，颅骨在进行性别鉴定时也十分重要。人的颜面个人特征和性别特征是较明显的，而这些特征则主要是由颅骨的特征决定的。在性成熟期之前，颅骨的性别差异较小，到了青春期，性别差异开始逐渐增大，成年后，性别差异已经非常显著。

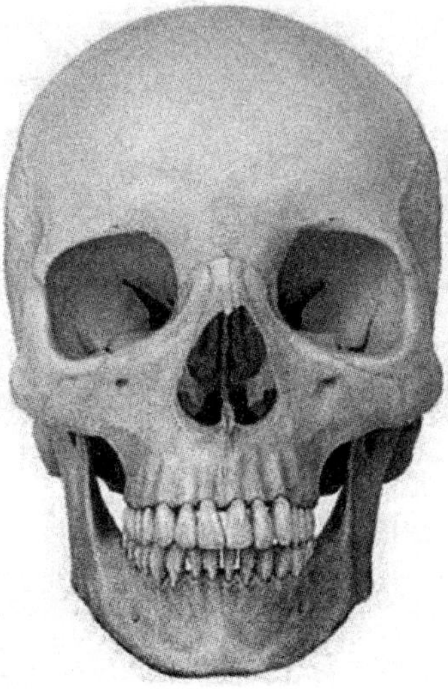

男性颅骨

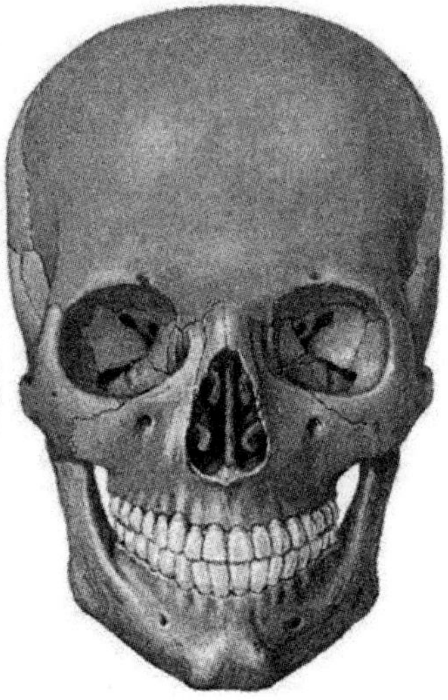

女性颅骨

	男性	女性
颅骨整体	较大，较重，颅腔较大，体积约 1450ml	较小，较轻，颅腔较小，体积约 1300ml
颅骨厚度	较厚	较薄
面部	较狭长	较宽短
前额	倾斜，眉弓显著	陡直，眉弓不显著
眼眶	相对鼻子的位置而言较低，呈方形，眶上缘较钝	相对鼻子的位置而言较高，呈圆形，眶上缘较锐
枕外隆突	较粗大	不发达
下颌骨的牙槽突高度	占下颌体高度 1/3 左右	可占 1/2
下颌角	近似直角，＜120°，外翻	呈钝角，＞120°，外翻不明显

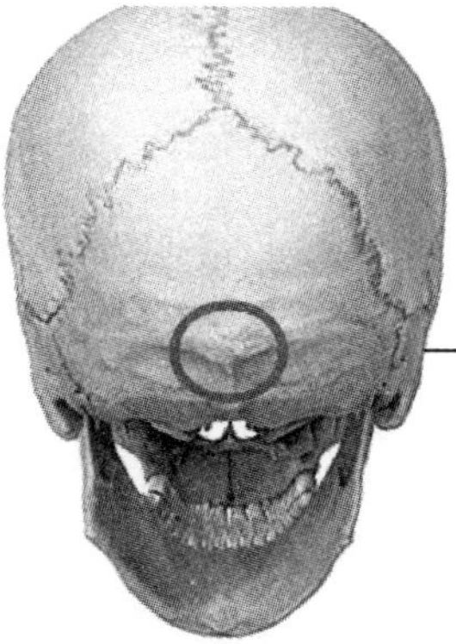

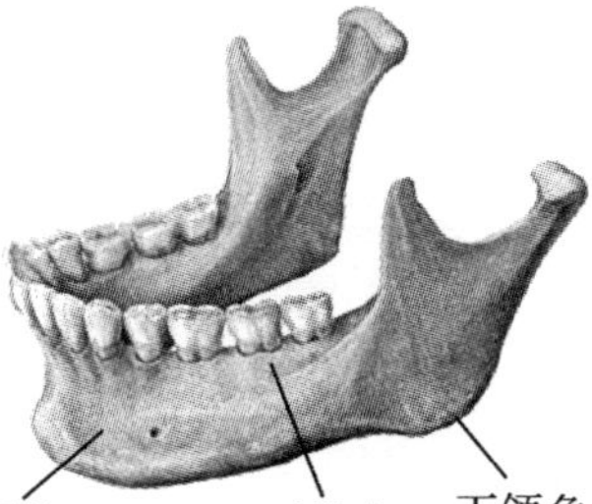

通过肉眼观察判断性别，虽然简便迅速，但由于主观性较大，难免会误判。所以通常鉴定人员需要通过多处骨骼来判别男女，骨盆和颅骨就是最重要的两处。如果你看到法医能迅速判断出死者性别，可能他已经在几秒钟内细致地扫过了这两处骨骼。

从骨骼看身高

/心房/

在法医人类学实践中，确定尸骸的身高也有着十分重要的意义。身高(又名身长)，即从头的顶点至脚底的垂直距离。除了可以通过简单的全骨测量来判断外，就算只有几根长骨，也能通过公式推算出死者生前身高。

不断变化的身高

在人的一生中，身高的增长有两个黄金阶段：出生至 1 岁和青春期期间(女性 10～12 岁，男性 12～14 岁)，青春期后期至 20 岁左右达到成年身高。成年身高由先天基因和后天环境因素(如营养、内分泌、生存环境、体育运动、医学进步、生活习惯、性成熟早晚等)决定。

人 30 岁以后的身高每年降低约 0.6 毫米，每 20 年降低 1.2 厘米。所以，对 30 岁以后的人，应从推算出的身高总值减去每年缩短的 0.6 毫米。此外，统计数据显示，中国男性 40～60 岁平均身高下降 2.3 厘米，60～69 岁阶段的身高比最高时要低约 4.9 厘米；而对于女性来说，这两个数字分别为 2.7 厘米和 5.2 厘米。

这是因为当人进入中老年后，肌肉力量会逐渐减弱和退化，整体骨骼中的钙会出现大量丢失，骨质疏松，椎间盘萎缩，水分减少，脊柱也会弯曲，位于长骨两端的关节软骨变薄，关节腔隙变小。所以，老年人要比当年强壮的自己矮一些。俗话说，好汉不提当年勇，其实还可以加一句——好汉不提当年高。也有学者认为，身高值下降的早晚可以被看作一个衰老早晚的指标。

用骨头推算身高

这里是人类比较重要的骨骼名称。

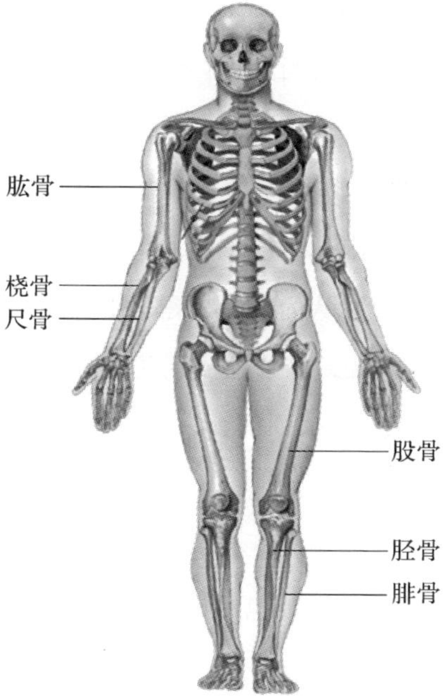

人体的几处重要骨骼

骨骼是否完整，对于法医人类学来说，不是问题，可以推算出死者的身高。

完整骨骼推算身高：在判断身高这个问题上，完整的骨骼显然更方便。不过也没有简单到拿尺子量的程度，而是需要将全身骨骼按解剖学位置排列，测量并整合颅骨长度、各个椎骨椎体长的总和、股骨生理长度、胫骨生理长度、距骨高和跟骨高的长度，这个总和就是骨骼全长。随后在所测身高的基础上加上 5 厘米，即可得出死者身高的估计值。

此外，还有一个公式被认为不受种族与性别限制：身高＝0.98×骨骼全长＋14.63±2.05。

不完整骨骼推算身高：当然，并不是在所有的案件中都会发现完整的骸骨。对于只有部分骨骼或残骸的尸体，需要首先确定性别、年龄后，再测量骨骼的有关量化特征，最后将所测量数据代入回归方程推算，就可得出死者近似身高。

长骨推算身高：一般认为，四肢长骨和身高之间相关性是最高的，而长骨也很容易被发现与保留，所以身高推算一般用长骨最准确。在根据人体四肢骨骼中某根长骨(如肱骨、尺骨、桡骨、股骨、胫骨、腓骨)来推算身高时，可以简单地将其长度乘以特定的系数，再加上 5 厘米，就可以计算出死者的身高估计值。其中的这 5 厘米是为了把死者生前的软组织(包括椎间盘)的厚度计算在内。

黄种人男女长骨长度系数

	肱骨	尺骨	桡骨	股骨	胫骨	腓骨
男性	5.06	6.41	6.86	3.66	4.53	4.58
女性	5.22	6.66	7.16	3.71	4.61	4.66

此法虽简便好用，但过于简单，所以推算身高时误差较大，现在已被更为精准的“回归法”所取代。

在实际测量中，还要注意以下要点。

• 使用多根长骨来推算身高，一定比 1 根长骨准确得多、误差要小。

• 用下肢骨推算比用上肢骨好，因为上肢长骨回归方程的标准误差均大于 4 厘米，下肢长骨的标准误差均小于 4 厘米。

• 用回归方程推算特别高或特别矮的个体，误差较大；而对于身高在平均值附近的个体，准确性高，误差小。

• 长骨有明显或不明显的侧别差异，即两侧的长度可能会不同。而这个差别常见于下肢长骨，所以测量时最好以同一侧两骨长度之和计算身高。

• 由于生活水平逐渐提高，人类的身高有增高的趋势。所以每间隔一定时间，应对长骨和身高的相关性重新加以探讨。

颅骨推算身高：用颅骨来测定身高还挺符合常识的，不过科学的有趣之处就是，有时候它会出人意料。不管是大头儿子还是小头爸爸，都可以通过颅骨知身高。

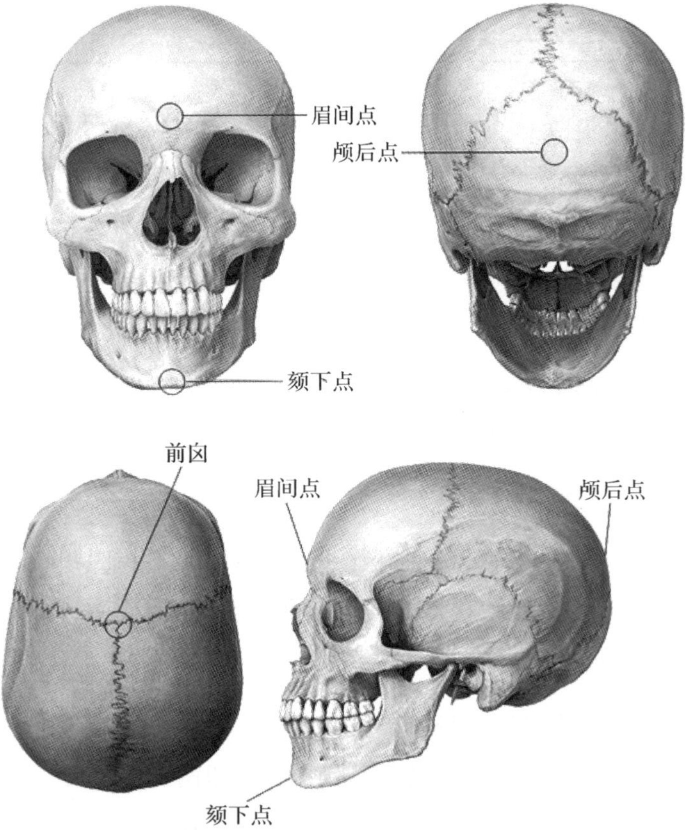

测量颅围的几个重要位点

颅骨识身高，主要是通过颅围和颅骨的垂直径来推算身高。在进行颅围测定时，应先测量眉间点(额的下部，鼻根上方，两眉之间的隆起部在正中矢状面上向前最突出的一点)和颅后点(枕骨鳞部正中矢状面上最向后突出的一点)的颅围长度，将数据代入公式就可以推算出死者的身高。此外，颅骨的垂直径，即颅顶的前囟点到下颌尖的颏下点之间的直线距离，也可以推算出身高：身高＝7×颅骨垂直径。

长骨残骸推算身高：上面提到的都是完整的骨头，不过案发现场永远不会那么“标准”。年代久远的骸骨，两端有损伤、已经腐烂残缺的长骨都会不时出现。这时，就要将长骨按照解剖学位置分数段，由各部分的长度求出长骨的最大长，并按照上述的方法推算身高；或根据残骸的解剖学标志（这些标志选在骨表面最明显的部位）所占全骨长的百分比，确定残骸的长度。

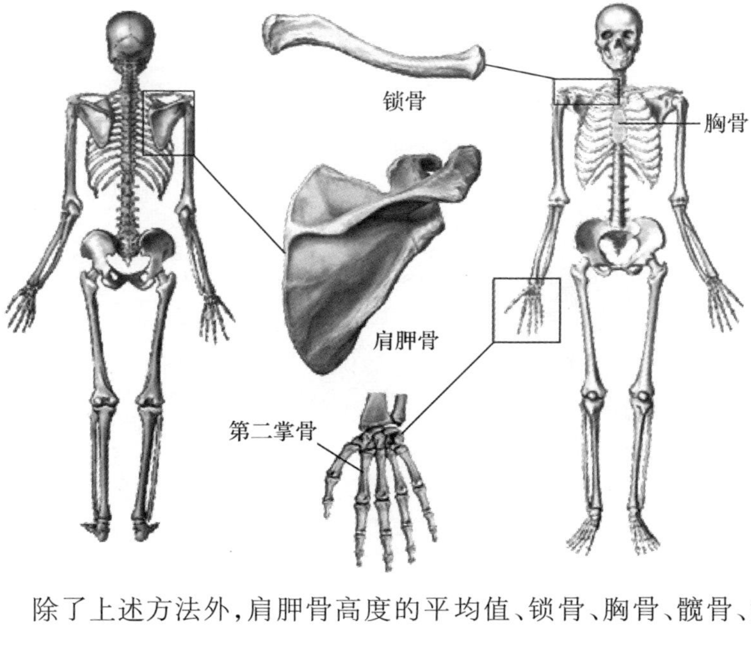

除了上述方法外，肩胛骨高度的平均值、锁骨、胸骨、髋骨、第二掌骨、女性骨盆等位置都可以用来推算身高。

在使用骨骼推算身高时，应先确定骨骼所属死者的性别、年龄和种族，以获得更准确的身高数据。

从骨头看年龄

/心房/

在法医鉴定中，推算死者年龄，是个体识别非常重要的内容。对于腐败、火烧、白骨化的尸体，法医人类学家可以根据残存骨骼或牙齿推算年龄。虽然目前有很多先进的方法，但是通过大体形态观察还是主要的方法之一。

不过在实际鉴定中，除了不能像《识骨寻踪》中的法医人类学家那样一眼就看出来外，还会受到如营养状况、地理位置以及疾病等多种因素影响。这可能导致在推算年龄过程中出现同龄骨骼，年龄特征不同；同龄或相似年龄特征的骨骼，却属于不同的年龄。但是骨骼特征变化还是有规律可循的，所以这种规律也成为推算骨龄的基础。

骨化中心与骺线

骨化中心是人体骨骼在发育过程中首先发生骨化（即造骨细胞在骨基质中发生钙质沉着，形成骨）的部位。骨化并不是在骨的所有部位同时进行，首先是在一个乃至几个地方开始骨化，然后向周边逐渐扩大，完成全部骨化。

典型的长骨一般骨化中心是在骨干和两个骨骺这 3 个地方。做 X 线检查时,骨化中心表现为骨内一定部位的骨质致密的阴影,周围则是无结构的软组织阴影。

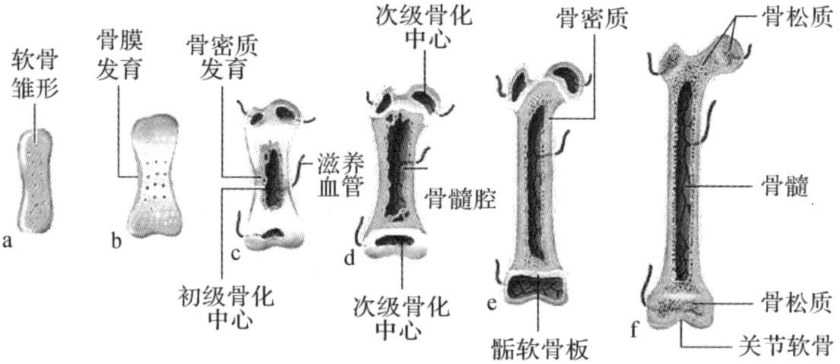

人体骨骼发育过程

- 骨干:长骨两端之间的部位。
- 骨骺:在长骨两端出现的膨大称为骺,有一光滑的关节面。
- 干骺端:骨干与骺相邻的部分。
- 骺软骨:骨干与骺之间幼年时保留的一片软骨,其不断分裂、繁殖和骨化,使骨不断加长。
- 骺线:成年后,骺软骨骨化,干与骺融为一体之后留下的痕迹。

人体骨骼的发育从骨化中心开始,由该骨化中心逐渐向周围发展,使骨骼增长、变粗。至青春期后,骨骺完全骨化并与骨干结合,这种现象称为骨骺愈合。所以,我们可以通过骨化中心出现和骨骺愈合的时间来推算年龄(多用于 25 岁前)。另外,观察骨化中心需要用 X 光完成,所以电视剧里那样瞟一眼就能告诉你年纪的情节,确实是夸张了。

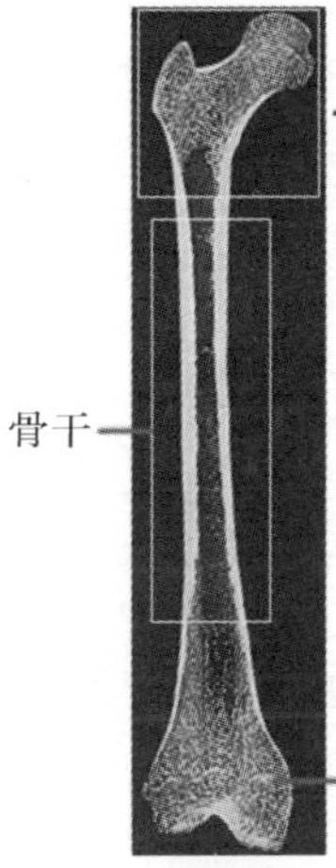

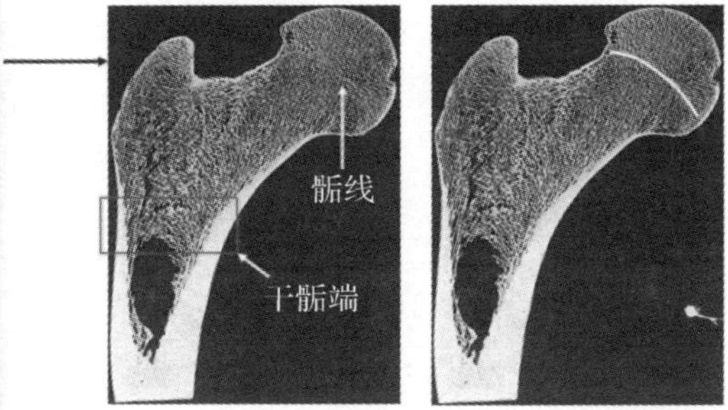

骺线的形成意味着骨的纵向增长宣告停止

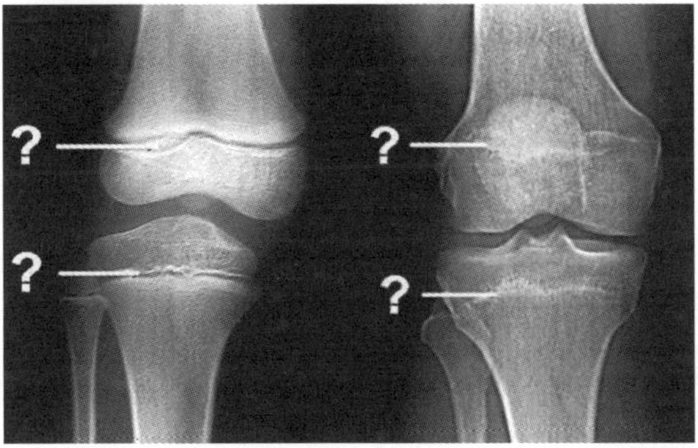

学习辨认一下图片，哪个是成人的，哪个是未成年的？

除了上述方法以外，在发育过程中，骨骼的长短会随年龄而增长，无机质的比例也会随年龄而增多。这些特点都可以成为判断年龄的办法。

年龄与骨骼发育对照

年龄	骨化特点
胎儿 6 周	锁骨体出现 1～2 个骨化中心
胎儿 7～8 周	股骨干、尺骨体出现骨化中心
胎儿 36 周	小转子出现骨化中心
1 岁	股骨头出现骨化中心
3～4 岁	大转子出现骨化中心
7～8 岁	尺骨小头出现骨化中心
16～17 岁	鹰嘴与固体愈合
17～18 岁	大、小转子与骨干愈合
18～19 岁	股骨头愈合
18～20 岁	胸骨端出现骨化中心
19～24 岁	下骨骺端愈合
22～25 岁	胸骨端愈合

颅骨中的秘密

牙齿也是鉴定受害者身份的一大法宝。牙齿位于口腔内，有唇、颊保护，损毁几率小。除了能根据牙科记录判断身份以外，牙齿还可以为推断年龄做贡献。

人的每一颗牙齿都有其发育规律，并且这个过程都有相对稳定的时间范围。所以各个牙齿的不均衡发育和牙齿发育的长期性，可以为 14 岁以前的个体的年龄鉴定提供依据。牙齿的发育虽受到很多内外因素的影响，在群体或个体中也存在差异，但 14 岁之前的牙齿发育相对比较稳定，在判定儿童及少年年龄时比较准确。

此外，牙齿还会在生活过程中出现磨损，而这种磨损也可以用来推断牙齿主人的年龄。

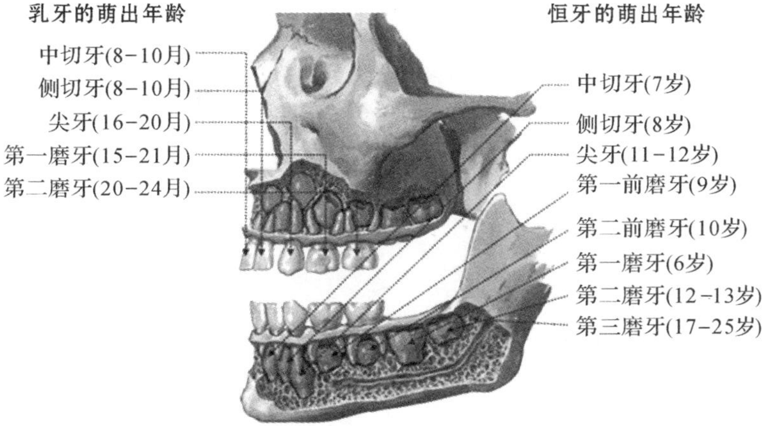

通过牙齿来判断年龄

颅骨在电视剧里可是明星角色，牙齿可以判断身份，颅像重构可以重建死者相貌。而颅骨上的一些特征也可以帮助法医人类学家推断死者的年龄，以下是一些常用的推断方法。

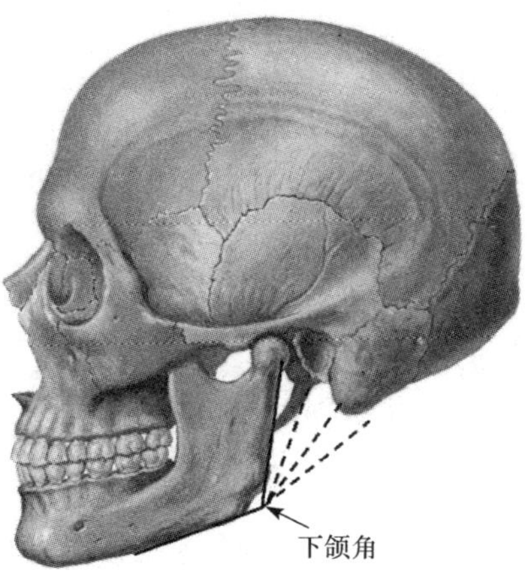

颅骨

• 下颌角:下颌支后缘与下颌体下缘所构成的夹角,会随着年龄,角度呈现大—小—大的特征。

下颌角角度与年龄变化的关系

出生时	牙齿交换	恒牙完成	35 岁	55 岁	70 岁
170°	150°	100°	110°	120°	130°

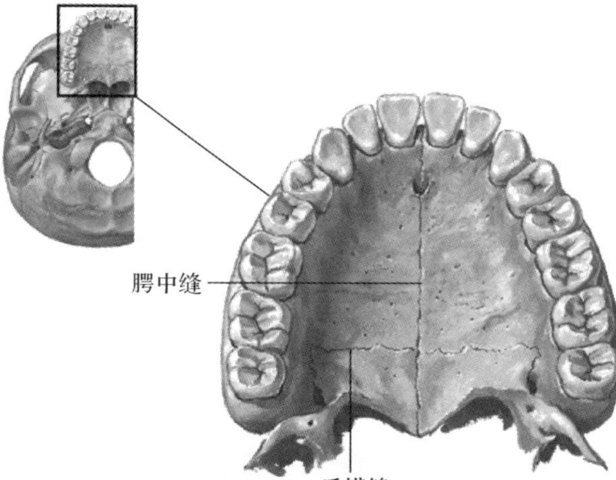

• 腭缝的年龄变化。

• 牙缝:20 岁以前,1/2 愈合;25 岁以前,2/3 或更多愈合;45 岁之后,基本全部愈合。

• 后横缝:25 岁以前开始愈合,30 岁以前愈合达 1/3,40 岁以前大部分愈合,41～50 岁变化不明显,55 岁后愈合可达 2/3。

• 腭中缝:30 岁以前大部分未愈合或刚开始愈合,35 岁以前多数愈合在 1/2 以上,45 岁以后则大部分愈合。

通过这个方法推算年龄要整合上述四个分区，进行分级。

根据耻骨联合部推算年龄

耻骨联合面，是指耻骨上、下支在近中线处相结合的部位，前面说过了它在性别判断中的重要地位。

在青春期之后，耻骨联合面的形态会出现规律的年龄变化，所以它也是推算年龄的重要手段之一。此法准确度在 14～30 岁较为可靠，有经验者误差仅±1 岁；而在 30～50 岁，误差为±2 岁。

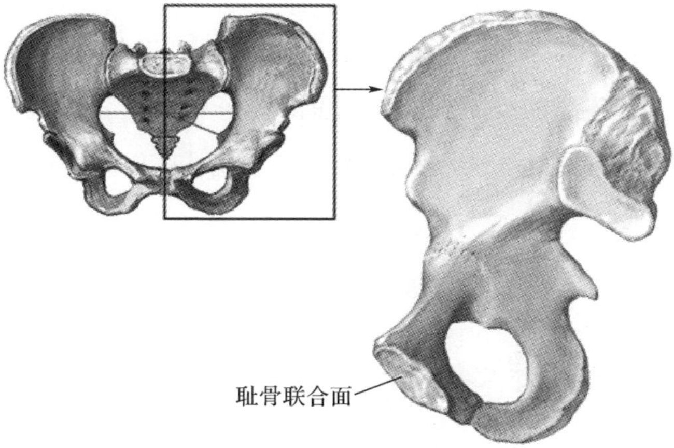

通过耻骨联合面推算年龄的主要部位有：耻骨联合面上的周缘、沟嵴、骨化结节、耻骨结节、腹侧斜面，由于性别差异显著，男女推算方式是不同的。

随着年龄的增长，耻骨联合面会变得逐渐平坦，骨质变得光滑、细腻，到 40 岁以后则会出现骨质疏松。

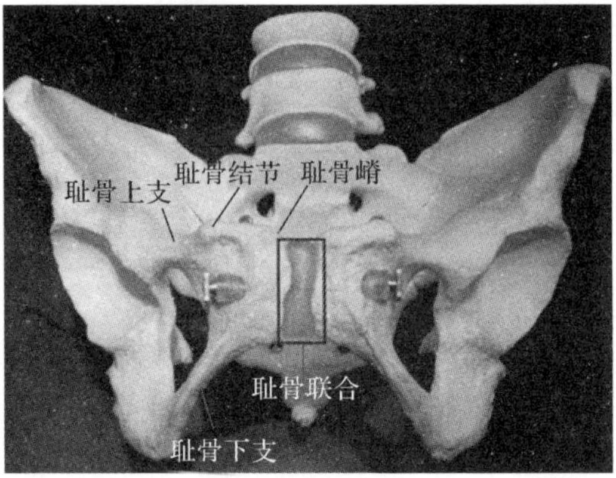

耻骨联合面的形态

在实际的年龄推断中，法医人类学家需要从多个不同的年龄特征中作出大致的推断。电视剧里的法医和人类学家，则通常被赋予了超人一般的眼神，这大概是为了呈现法医的英雄形象，可以震慑罪犯吧。

面部重构

重造一张脸可能吗?

/苏木七/

法医艺术家凯伦·泰勒(Karen Taylor)曾根据头骨复原出一女尸的头像,最终确定了受害者身份。不过,有不少人对这一技术存疑:就算是凯伦·泰勒这样的大师,复原得也不那么像嘛,面部重构到底多有效呢?

美剧里那些优雅的法医们

美剧中常可见到法医艺术家的翩翩身影,她们和各种面目全非的尸体打交道,试图恢复头骨上的那张脸。法医艺术家泰瑞·米勒(Teri Miller)在《犯罪现场调查》里的第一次出场就惊艳无比,在工作室里她和调查主管一起重构出了未知骸骨的头像。摆弄石膏和黏土时,她动作娴熟、姿态优雅、神色淡然,并且手把手地教对方如何铸模、如何用灰浆抹平石膏和黏土上的细缝,两人之间情愫暗生。

而在《识骨寻踪》中,漂亮直爽的安吉拉·蒙特内格罗(Angela Montenegro)也可以用各种带肉或不带肉的骨头重构面孔,把阴森森的尸骨变成一个个活灵活现的人,侦破各种案件。

不过,现实中的面部重构并不完全像影视中展现的那样。影视中,如果发现了一具骨骼,调查人员就会马上召来法医艺术家,进行各种重构;可现实中,这只是最后一招而已,在试过诸如DNA、指纹、牙印等各种办法皆无效后,才会诉诸面部重构。此外,在影视中,只要有了骨头,就一定能重构出脸;只要有了面孔,就一定能确定受害者身份;只要有了受害者,就一定找得出凶手——可在现实中,就完全不是那么一回事了。这也是所谓"CSI 效应"的一种表现:人们由于受影视剧的影响,而对真正的法医和法庭产生了不切实的期许。在现实的操作中,法医艺术家们也面临着两大难题。

难题之一:软组织厚度

现在风行的面部重构技术,无论是二维还是三维重构,无论是手工还是软件重构,都得用到一项至关重要的数据:面部软组织厚度。

早在 19 世纪,法医面部重构技术就初现端倪。德国解剖学家赫尔曼·韦尔克(Hermann Welcker)是历史上测量和整理面部软组织厚度数据第一人,他首先意识到,要重构面部,得先弄清楚骨和肉的关系。1883 年,他以 13 具高加索人的尸体为实验对象,将薄刀片伸入脸部中线的 9 个位置进行测量,这是第一份有文献记录在案的研究。其他的解剖学家,比如威廉·西斯(Wilhelm His)和朱利叶斯·科曼(Julius Kollmann),也发明了不同的方法来测量软组织厚度。1895 年,西斯找到了 24 具男性和 4 具女性高加索人尸体,测量了脸部 15 个位点的软组织厚度,并且根据这些数据重构出了音乐家巴赫的面容,从一堆骸骨中找出了他的尸骨。

科曼和他的雕塑家布利(Buchly)在 1898 年统计了 25 具高加索人尸体脸部 18 个位点的软组织厚度,这套数据影响力是如此广泛,以至于到现在许多法医实验室还以之为参考。当然,现在各种技术,比如超声波、CT 和核磁共振,大大地方便了软组织厚度的测量,而不必拿着针和刀片在尸体上到处戳。

不过,直到现在,软组织厚度的数据还是很匮乏的。不同性别、年龄、种族和地域的人群,软组织厚度不一样,而要对这些人全部进行采样可不是件容易的事儿。在美国,只有高加索人和黑人的面部软组织厚度数据比较丰富,而西班牙后裔和蒙古人种的数据较少。只有扩充面部软组织厚度数据库,使之详尽细化,面部重构技术才能更精确、更有说服力。

难题之二:标准化方法

现在主流的面部重构技术采用的是前述的面部软组织厚度数据法,主要流程如下:首先制作头骨的石膏模型,插上小木条等标签,使标签向外突出的长度等于该处的软组织厚度;然后用黏土填充面部直到没过标签末端;最后加上五官,进行整体修饰。然而这项工作的艺术性实在太强了,不同的法医艺术家,尽管大体方法大致相同,可具体细节不一样。仁者见仁,智者见智,不同的人根据同一具头骨，很可能构建出完全不像的两幅面孔。

此外，也有一些重构方法依赖于面部的解剖学特征，会根据肌肉、肌肉上软组织、皮肤的顺序分层构建。不过，方法越多，主观性越强，就越容易出现“一尸千面”的状况——许多情况下，百花齐放、百家争鸣并不是什么好事儿。

好在现在有了计算机辅助3D面部复原技术，过程和手工重构其实大同小异，需要经过构建颅骨，添加软组织数据，添加五官、肌理，以及表情复原等步骤。计算机辅助重构不但加速了处理速度，还有助于标准化方法的建立。而对于不同地区的警方来说，收集并分析本地区人种的解剖学数据也对于未来重构的准确性有着很大的意义。

正是由于这些限制条件，至今面部重构尚不能作为确定身份的唯一手段。没有目击者，指纹没有用，DNA没有用，最后试下面部重构吧，没准能管用呢。

法医是怎么炼成的

/苏木七/

法医学，顾名思义，就是法学和医学的结合——它为案件侦查和审判提供了科学证据。火灾和爆炸的现场勘查、遗传指纹、DNA图谱、多核磁共振以及前面说到的所有那些细致新潮的技术，都是法医学的范畴。据说罪案剧里那些英明神武的法医们也鼓舞了很多高中生报考法医学专业。那么，成为法医有多难呢？

为什么学法医学？

法医学对很多人都是一个很陌生的专业，相信大部分人都仅从美剧或电影上获得过有关法医学的信息，实际上法医是一种涉及化学、生物、工程、刑侦等多种科学的有趣学科。在了解它之前，我们先听听几位法医学业内人士是怎么说的。

“电视剧上的法医学看起来很神奇、很有范儿，这让人们对其产生了不切实际的期许——即所谓的CSI效应，它在一定程度上促进了人们投身于法医界。另外，许多学生希望从事科学工作而又不至于太脱离实际，法医学对他们来说是比较好的选择。”伦敦国王学院法医系的高级讲师和教学主管芭芭拉·丹尼尔(Barbara

Daniel)博士说。

“我喜欢科学，喜欢解决问题，而法医学无疑是两者最好的结合。我本科学的是生物化学，研究生时毫不犹豫地选择了法医学。”英国斯爵斯克莱德大学(University of Strathclyde)的法医系学生埃勒·迪尼兹(Elle Diniz)说。

“我喜欢科学，不是像化学、物理和生物那样的纯科学，而是有趣的、实际的科学，如法医学。这个领域很吸引人。”赫尔大学(University of Hull)法医系的毕业生赫瑞卡·帕特尔(Herika Patel)说。

法医都干什么?

法医的主要工作是与证据打交道，而在一般情况下，法医都有自己擅长的一个领域，所以可以通过证据类型以及处理方式的不同分为以下几种方向。

实验室工作：也就是大家熟知的DNA分析之类。尽管在美剧《犯罪现场调查》里实验室人员很酷很拉风，其实生化实验是一个很漫长的过程，而从事这类证据分析的法医也需要掌握生物、化学等基础知识。当然，那些“术业有专攻”的法医专家还可能是植物学、昆虫学等方面的专家。

医学检验工作：这个就是我们熟知的法“医”，从事这方面的工作需要有医学背景，并且需要经常前往犯罪现场协助执法人员调查。也就是说，这些人是和尸体打交道的，比如解剖、切片分析、病理分析等。

现场调查工作:这和上面的医学检验工作还有点不同,这里说的现场调查包括指纹的取样及分析、现场文档的调查、子弹及弹道分析等。从事这方面工作的法医据需求的不同,可能需要工程学以及刑侦等背景。

法医专业学什么?

怎么样?是不是觉得上面的事情就是真实社会中的法证人员?没错,虽然没有美剧里那么酷,不过这仍然是一个充满魅力的工作。

在英国,伦敦国王学院的课程包括法医学基本理论和实际操作,从犯罪现场到法庭审判都有。丹尼尔(Daniel)博士介绍说:“学化学的学生要进行药物和毒理分析,学生物的学生要进行模拟实验和新技术分析。”

而在四川大学的华西法医学院,课程则包含了介绍死亡时间以及尸体解剖的法医病理学、介绍如何断定死因的法医临床学和学习DNA鉴定的法医生物学,另外还有法医精神病学和法医物证学等。

能找到工作吗?

法医专业由于自身的特殊性,一直不是很热门,所以法医工作的缺口较大。

国内有多所大学都设有法医学专业，比如西安交通大学医学院的法医学专业、四川大学华西法医学院等。而法医专业的毕业生可在全国各级公安机关、检察院、法院、司法机关及高等院校从事法医学鉴定、科研和教学等工作。

根据这两所学校提供的就业数据，法医专业毕业生的就业率超过了 90%，可以说是供不应求。

另外，如果你是一名医学生的话，法医学也可以成为你继续攻读的方向。

如果你喜欢科学，热衷实践，又是一个超级法医迷，那不妨试试学习法医专业吧。不过，当法医要做好面临各方面压力、随时“被加班”的准备，还要面对各式各样的现场，所以还请大家慎重考虑。

法医勘查箱里的秘密

/安溪小法医/

每当哪里出了命案，匆匆赶到现场的，除了负责勘查现场的刑警，还有负责检验尸体的法医，而法医们的标志就是他们那个银亮的手提箱。那么，这个箱子里头，究竟藏着什么秘密呢？

这个手提箱叫做“法医勘查箱”，是由公安机关统一配发给法医使用的。

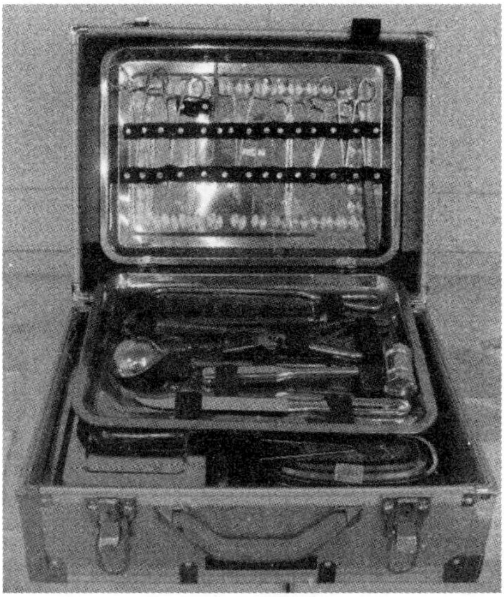

法医勘查箱

箱子里最上面的一个不锈钢盘子里，可以看到好几把剪刀，这些剪刀和我们平时在医院里头看到的手术器械很像，实际上就是一回事。这些弯头手术剪、直形手术剪，在尸体解剖中是不可缺少的器械，比如用于剪开腹膜、心包膜、气管等。根据脏器本身的空隙和专项检查的特点，法医会选用合适的手术剪，以避免破坏周边的组织或分离得不彻底。

仔细看的话，在这排剪刀中还有一把解剖刀，也与外科手术刀是一样的，这就是法医最常用的器械了，划开尸体表皮、取出或切开尸体内脏等常规解剖，都少不了它的作用。解剖刀与乳胶手套，已经成为法医的标志之一。

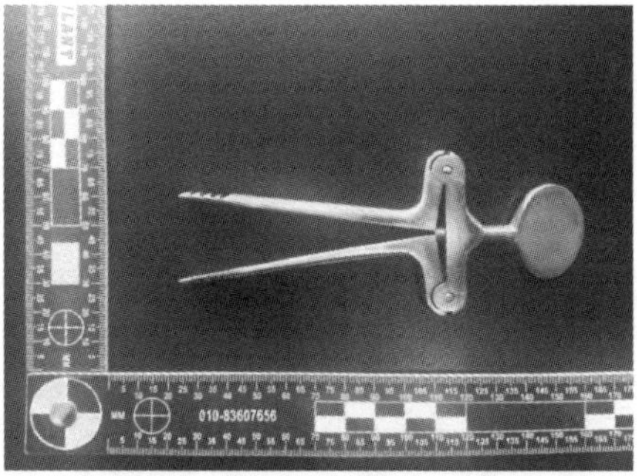

开口器

这个藏在一排手术剪刀中的东西，叫做开口器。使用时，用力扭动后面那个圆形金属片，螺杆就会让那两瓣金属分叉逐渐打开。在一些尸体上，会出现死者咬紧牙关的情形，加上尸僵的作用，口腔会变得非常难以打开。用它就可以打开遗体的嘴，便于法医检查口唇、牙齿的情况。而死者口唇内有无黏膜挫伤出血、牙齿有无松动,常常对于判定死者是否死于捂死有重要的意义。牙齿则对于无名尸体的身份确定有很大帮助。

而箱子下面的不锈钢盘里的东西,就要稍微凶残一点了。

最上面的那个叫做骨锯,顾名思义就是用来锯骨头的,特别是在野外现场勘查时。对于麻醉意外、交通事故、高处坠落或其他外力伤害可能伤及颅脑、脊椎和脊髓的,往往必须检查颅腔和脊髓,这时就要用骨锯锯开颅骨和脊椎骨。在电影《人骨拼图》中有一个情节,尸体被嫌疑人用手铐固定在水管上,女法医也是用类似的工具将尸体的手腕锯断,连手带手铐一起取下来的。

旁边那个汤勺一样的东西,其实就是个汤勺,用于将死者胃内容物、颅腔和胸腹腔的积水积血一勺一勺地取出来,并根据汤勺来估计容量。

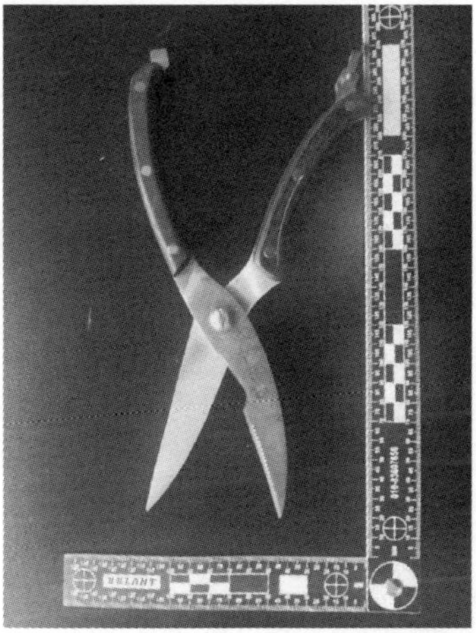

肋骨剪

这个既像钳子又像剪刀的奇怪东西，有个很响亮的名字——肋骨剪。很多时候，法医都必须取出死者的肺和心脏，进行局部解剖和病理切片检查。当尸体的骨骼很硬时（如部分老年尸体的肋软骨已骨实质化），手术刀、手术剪都很难剪断肋骨，就必须用到它了，它的刀刃坚硬而锋利，还有防滑锯齿，非常好用。

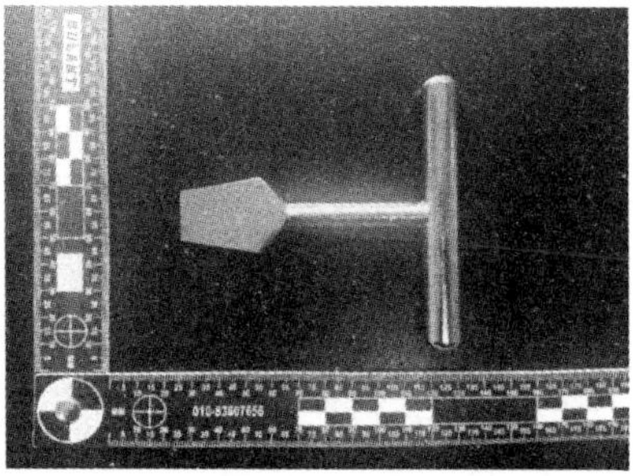

丁字凿

上图这个东西，是不是像个大号的一字螺丝刀？不过，它可不是用来拧螺丝的，而是叫做丁字凿。它和旁边的那个小锤子（叫做骨锤，有 450 克重）配合使用，可以小心翼翼地敲开骨骼表面的骨片而显露骨髓，常用于四肢骨骼的检查。

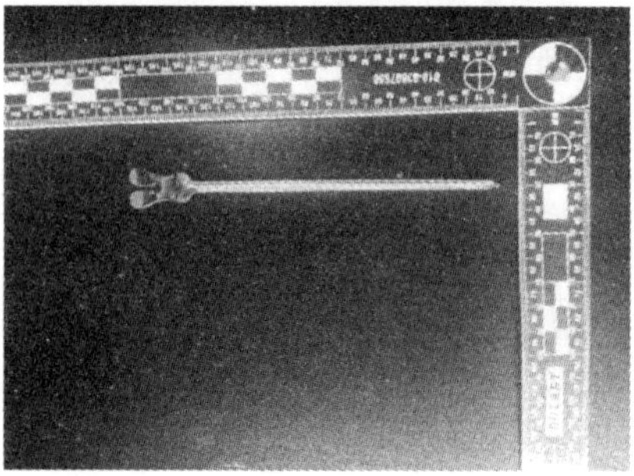

勾状探针

这个一头弯弯、扁扁的器械叫做勾状探针，是不是很像小兔子？它常用于检验尸体上的瘘管、盲孔的走向和内部情况。

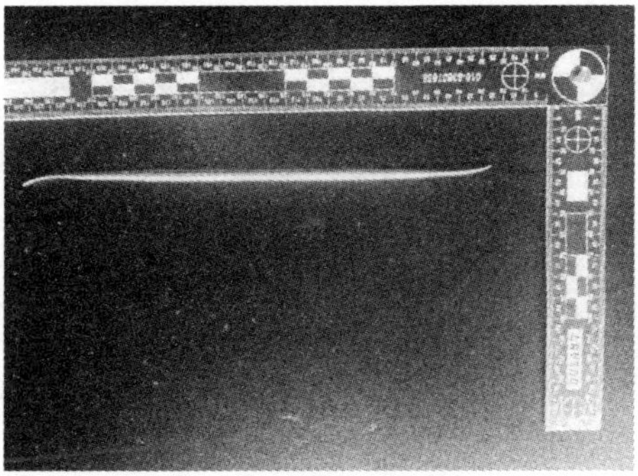

骨膜分离器

上面这个叫做骨膜分离器，用来剥开颅骨的骨膜。它两头弯而扁平的部分，其实并不锋利，以免在剥离时造成颅骨伤痕，与原本的外伤混淆。偷偷地说，小法医其实更喜欢用手术刀的刀柄来干这个事，这一头划开头皮，顺手掉过来就剥离骨膜，多顺手啊！当然，刀柄上难免沾上点血迹，冲洗下就好啦。

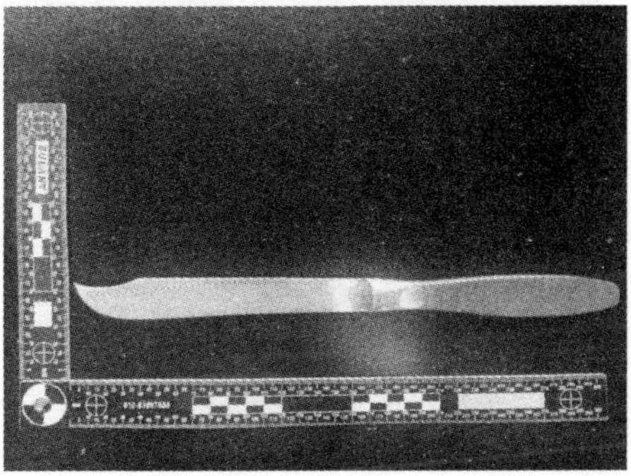

截断刀

盘子中最长的那把刀，虽然很像水果刀，但一般是用来切断脏器和肌肉组织的，称为截断刀。

在盘子的下面，是一些看起来要温和得多的东西。

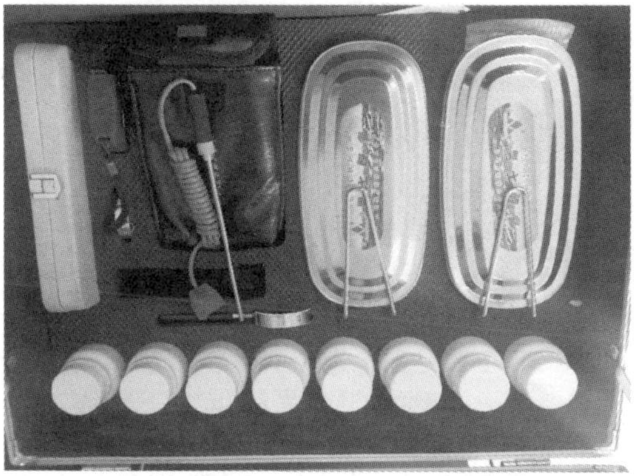

两个不锈钢饭盒是方便法医出野外现场时自带便当用的，大家知道，多数现场都在荒郊野岭，要吃饭只好自己带啦。

开玩笑的，里头没一个是能吃的东西。

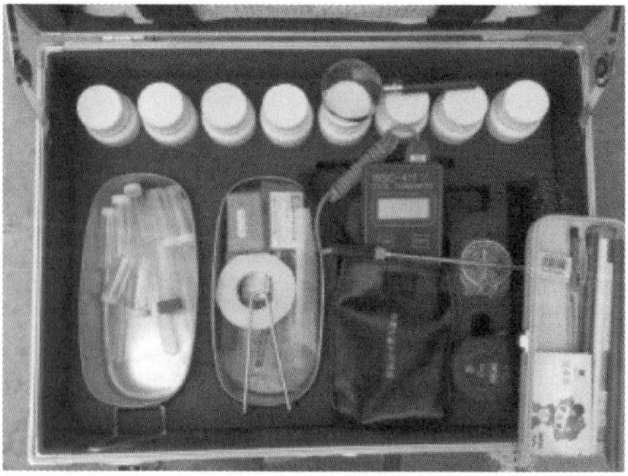

采样用具

左边那个饭盒里头，有些小塑料管，叫做液体样品管，出厂前经过严格消毒。其中还有些是里头抽成真空的，用来装液体证物。比如，在对于疑似中毒的遗体进行检验时，法医就会用一次性注射器抽取心脏中的血液，然后直接注入真空管中保存。

右边的饭盒里则有一次性注射器、塑料滴管，都是用来取样的。还有医用胶布，如果检查时手不小心弄破可以当创可贴用。黄色的小盒子里是备用的手术刀片。

盒子里还有一些针线，这可不是拿来缝衣服，而是在解剖完毕之后缝合遗体的，毕竟，逝者也需要最后的尊严。与医用手术缝合线稍有区别的是，法医用的线较粗，一般是 5 号以上。

而那一排白色的塑料瓶叫做物证瓶，都是用来保存遗体上和周围的相关少量证物的。比如纽扣、草籽，甚至尸体上的蝇蛆，都会被法医仔细地搜集起来，分别保存在小瓶子中。这些微量的物证，都有助于判断尸体发现地是不是第一现场，有些还可能会直接指向嫌疑人。较大的物证则被装入专用的证据袋，上面都要贴上物证标签，详细注明采集的时间、地点、采集人。

下图这个袋子里的东西，叫做便携式数字温度仪。人体死亡后，体温会有规律地缓慢下降，法医就利用这一特性来判断死亡时间。那个不锈钢筷子一样的东西就是热电阻探头，一般是插入尸体的直肠中，再从旁边的显示器上读取温度数字，误差大约在±0.1℃，非常精密。

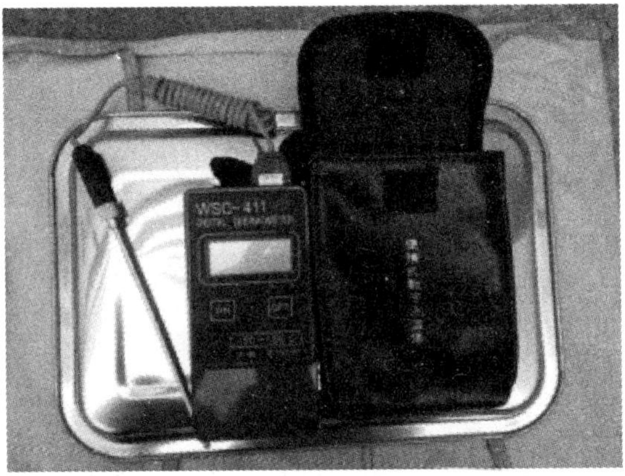

便携式数字温度仪

在温度仪旁边，还有一个 20 米的卷尺、一个指南针，都是用于现场勘测的。按照法律规定，法医必须对现场勘查过程做出详细笔录，为后续的破案工作打下坚实的基础。比如遗体头朝着哪个方向、离公路边缘多少米等，很多时候，这些看似琐碎的数据，可能会影响案件的定性与侦破方向，同时又是原始的证据，必须认真对待。而放大镜就不用说了，从福尔摩斯时代就有的侦查工具。旁边的手电筒也不特殊，主要是用于在野外勘查中的辅助照明。

在这些盘子的下面，还有一些纸做的物品。图中看到的分别是指纹、掌印卡片，用于按捺尸体的指纹、掌纹，便于和数据库比对以确认死者身份。左手、右手分别有专用卡片，可不能弄混。

指纹、掌印卡片

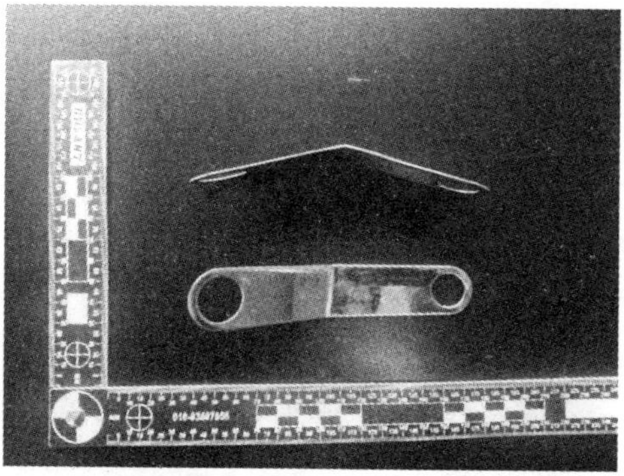

手指扳直器

当然，如果遇到尸体已经僵硬、手指呈握拳状的情况时，就必须用到上图的这个小工具了。这叫做手指扳直器，把尸体的手指用力拉直，才便于按捺指纹。

黑白相间、纸牌一样的那一小叠纸片，叫做比例尺。法医勘查尸体时，必须随时注意把有价值的解剖所见拍照，作为证据固定下来。但这有个问题，拍摄全局则看不清想要表现的重点部位（如伤口、弹入孔、气管中的烟灰等），拍摄局部则没法从照片上判断实际尺寸（比如刀口的长短，这对事后与凶器比对至关重要）。所以就必须在被拍摄的部位摆上一张比例尺，如实地表现组织的形态与长度。

当然，箱子里还少不了一些个人防护的用品，如一次性发套、手术衣、乳胶手套等，都是为了保护法医的健康；另外还会配上一些必要的文具，便于填写勘查笔录。

以上，说的就是法医最基础的勘查箱里的内容，全套家伙要三千多块哦！实际工作中，根据各地条件和任务的不同，法医往往还会用上其他一些辅助的工具。

比如下面这个，就是我自己最喜欢用的：

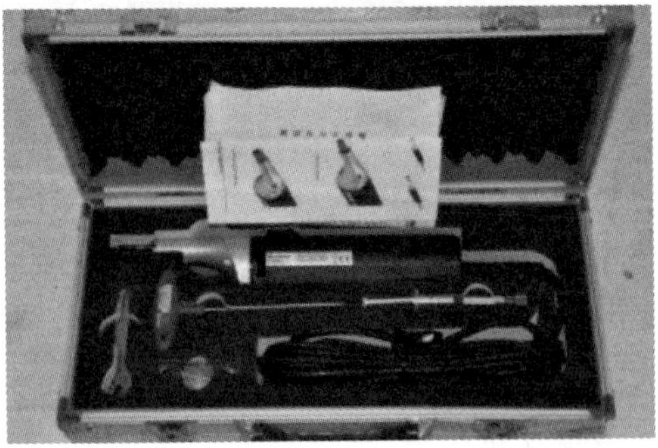

看出来是什么了吗？

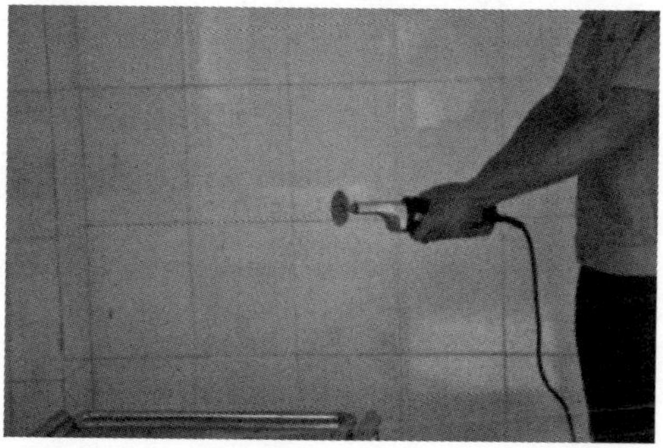

看明白了吧！这是德国产的电锯，专门用于切开尸体坚硬的颅骨。高速转动的齿轮片用起来很给力，但有时候会把骨渣、粉末喷得到处都是……哎，做法医不容易啊！

其实，法医的勘查箱并不神秘，除了上面这些工具、器械之外，最重要的还得加上高度的责任感与敏锐的洞察力。借用一位法医的话说，“鬼手佛心，一个都不能少”。

断案利器

凡有接触，必留痕迹

/馒头老妖/

在绝大多数跟法证相关的书籍和影视作品里，都会提到“罗卡定律”，作为法证学的“公理”，罗卡定律在许多案件中都起到了决定性的作用。

高速女尸

1986 年 6 月，美国加州一名渔夫来到萨克拉门托(Sacramento)附近一处水渠边，准备挖些蚯蚓作为鱼饵。然而，他发现了比鱼饵大得多的东西：一具泡在水中的女尸。吓得魂飞魄散的渔夫立刻报警，警方赶到后发现这是一具几乎全裸的成年女性的遗体，颈部有深深的勒痕，很明显是被人谋杀后抛尸的。

法医发现，尸体已经出现腐败迹象，似乎已经死去多时。而死者身上并无证件之类，无法判断身份。还好，警方通过失踪人口与牙医档案，确认死者就是时年 19 岁的斯蒂芬妮 · 布朗(Stephanie Brown)。事发当天，她开车去看男友，返回时本应沿着 1—5 公路向南开，却错误地开向了北方——警方在公路的北方找到了她的汽车，从油箱判断大概没开出来多久。汽车的大灯没有打开，车窗摇下，地图就扔在副驾驶座上，似乎她正努力纠正错误，却永远没有机会了。

比较奇怪的是，死者是短发，但她的家人却坚持说她有一头长发。原来，她的头发似乎是被一把锋利的剪刀齐刷刷地剪下来了，警方也在现场找到了一件两根吊带都被割断的蓝色背心，这些应该都是凶手所为。另外，法医在其体内发现了精斑，但可惜因为在水里泡了太久，已经无法提取DNA进行比对。

警方推测，此案非常可能是某个心理变态、四处流窜的杀手，随机选择目标作案。果然，不久之后，又一桩谋杀案发生了。

1个月后，同样是在1—5公路上，一对母女在凌晨3点多钟汽车坏在了路上，这时一位路过的司机很友好地问她们是否需要帮助。母女俩请求把她们带到最近的加油站去，男子满口答应，但他开的是一辆双座跑车，所以只好先载着其中一个人先走。然而，26岁的女孩查梅因·萨卜拉(Charmaine Sabrah)一去不返。3个月后，她的遗体被人发现，匆匆一别竟然成了天人永隔。

这位心碎的母亲当时并未注意该男子的车牌，也说不清楚其外貌特征，只知道他是一个40来岁的白人男子，对于办案并无帮助。在她的遗体上，警方在其颈部找到了一根勒紧的绳索，尸检证明其死因正是机械窒息。与斯蒂芬妮的遗体类似，她的背心吊带和文胸都被割断了。

同年9月，第三个受害者的遗体被发现，同样是被人勒死，吊带被割断。这些细节表明，作案的应该是同一个人，才会有如此相似的惯用伎俩;或者说,这位凶手在无意间,已经在犯罪现场留下了自己的"死亡签名"。

连续三起凶残的犯罪,闹得当地人心惶惶,"公路绞杀者"的外号不胫而走。然而,噩梦仍未停止。1987 年 7 月,25 岁的女孩卡琳·芬琪(Karen Finch)在 1—5 公路附近遇害,赤身裸体地被泡在水塘之中,身中数刀。在她的遗体上,法证人员发现了一小片胶带,推测嫌疑人曾用胶带封住了她的嘴,在杀害她之后还不忘记取走胶带,以免在胶带上留下指纹,只不过因为卡琳的马尾辫粘住了胶带,才不经意间留下了这一小块。这个发现让警方很是诧异,说明凶手有很强的反侦查意识,也让案件陷入了僵局。

一线生机

幸运的是,在 1987 年,当这个绞杀者企图绑架、杀害另一个受害者黛布拉·古菲(Debra Guffie)时,这名 29 岁的女子拼命挣扎着逃出了他的汽车,恰好附近有一位高速公路巡警正在执勤,不但救了她的命,还当场抓捕了这个嫌疑人——时年 48 岁的罗杰·里斯·基比(Roger Reece Kibbe)。

在基比的汽车中,警方搜到了一些令人震惊的东西:手铐、震动棒、一把 15 厘米长的大剪刀,还有一件奇怪的东西——一根结实的尼龙线连起来两个木头手柄,就像一根缩短版的跳绳。警方立即意识到,这很可能是一个邪恶的绞杀工具,与之前的 1—5 公路上的几起谋杀案密切相关,基比随即被列为重大嫌疑人遭到逮捕。

就在基比被调查期间,又一位受害者的遗体被发现,她在不久之前被人勒死,衣服也被人奇怪地割开了,很可能也是基比的受害者之一。

对于卡琳的案件,警方可谓抓了个现行,人证、物证都很过硬;但是,对于之前的这些"1—5 公路绞杀案",能不能证明也是基比所为呢? 这还真是个难题。

虽然这 5 起案件都体现出了作案手法上的高度近似,但警方并未在现场发现任何过硬的证据,能够证明其与基比有关。没有指纹,没有 DNA,没有脚印,在缴获的疑似凶器上也没有找到属于受害人的 DNA,从法律的角度上说,不能判定他是不是真凶。

罗卡定律显"神威"

而这个问题的答案,就在法证人员的手中。现代法证学的开山大师埃德蒙·罗卡(Edmond Locard,1877—1966)曾提出了一个用他的名字命名的定律,简单来说就是八个字:"凡有接触,必留痕迹。"(Every contact leaves a trace.)

这句话经过罗卡的反复例证后,被业内人士视为公理,并成为法庭科学,特别是物证学的一块基石。罗卡定律告诉我们,物质都是由无数的微粒组成的,当嫌疑人进出现场、动手作案时,所接触过的物体表面就会和他的身体发生微粒的交换,从而留下一些痕迹,他的身体同时也从这些物体表面沾上一些痕迹。即便是嫌疑人曾刻意清理过,也很难将这些痕迹彻底消除。“1—5 公路绞杀者”也不例外,需要的只是专业技术,加上耐心细致的工作去发现它们。

这一重任落在了法证专家费伊·斯普林格(Faye Springer)小姐的肩上。通过对犯罪现场的缜密调查,斯普林格小姐发现了许多有意思的地方:

犯罪现场发现的痕量物证	基比的汽车、家中发现的物证
死者脖子上的尼龙绳表面有某种真菌	基比的汽车脚垫上也有同种真菌
死者衣服上发现了不属于她的毛发	基比大腿内侧的毛发与该毛发相同
死者嘴里堵着的内裤上有某种外来的纤维	基比汽车坐垫上的纤维与该纤维结构相同
死者衣服上发现了动物毛发	基比家中的两只猫的毛发与该毛发相同
死者脖子上的尼龙绳有细微的红色油漆点	在基比汽车中发现的尼龙绳上也有类似的红色油漆点,且纤维材质相同

案件痕迹检验

在这样多的证据面前,很难再用巧合解释。1991 年 5 月 10 日,基比被认定杀害了弗拉肯波尔小姐,犯有一级谋杀罪,判处 25 年至终身监禁,至少要服刑 16 年。

而在 2008 年,在基比再次申请假释之前,68 岁的基比被再次起诉,对他之前犯下的 6 起谋杀罪进行审判,更先进的法证科学技术给了检方更充足的证据。最终,为了避免可能的死刑判决,他与检方达成认罪协议,承认了所有控罪,被判处 5 个终身监禁。

无处不在的罗卡定律

实际上,罗卡定律不仅可以作为将嫌疑人定罪的有力武器,在替无辜者洗脱冤屈上也同样功不可没。

1991 年,时年 31 岁的威廉姆斯·肯尼迪·史密斯(William Kennedy Smith,肯尼迪总统的侄儿)被控在自家大宅中性侵了一名女性。在法庭上,该女子绘声绘色地讲述了自己是如何被小肯尼迪从背后拉扯并摔倒在草坪上,小肯尼迪不顾她的竭力反抗,在草坪上将她强暴。对此,小肯尼迪辩驳说,自己确实同那名女子发生了关系,但却是双方自愿的行为,并无强迫,而且是在屋里,而不是在草坪上。由于缺乏证据,控辩双方各执一词,庭审陷入了尴尬状态。

他的辩护律师请到了著名的华裔法证专家李昌钰博士,作为专家证人。李博士提出,他仔细地检验了本案物证,也就是被害人当时穿着的衣服和“维秘”牌内衣裤,在上面没有发现一丁点草籽或泥土;这些衣物的纤维,也没有因在粗糙表面摩擦而出现损坏的痕迹。按照罗卡定律,这只能解释为:所谓的推搡和强暴并没有发生过。

在庭上,李博士拿出了一张手绢,这张新手绢被他在案发草地上轻轻擦过一下,在显微镜下,草籽和摩擦过的痕迹一目了然。检方当庭表示异议,认为手绢和内衣裤质地不同,李博士应该用内衣裤做侦查实验。李博士戏谑地回答说，这是因为当时他的口袋里只有手绢，没有内衣裤。

最终，法庭判决小肯尼迪无罪，当庭释放，罗卡定律又一次获得了胜利。

随着法证科学的不断进步，更加细小、微量的接触痕迹也能够被发现和鉴定，让更多的案件真相大白，而其基础依然是罗卡定律。对于罗卡定律，美国法证科学之父保罗·柯克(Paul L. Kirk)如此评价到："物证不会错，它不会曲解自己，它不会总是缺席。只有在人为失误，没有找到、研究、理解它时，它才会失去价值。"

一颗子弹能写多长的故事

/Kenny/

通过罪案现场遗留的子弹来追踪枪支的技术叫做弹道指纹鉴识(Ballistic Fingerprinting),也可以称为“枪械 DNA”。我们在《犯罪现场调查》中看到的,调查人员常用的系统是由美国烟酒枪支爆炸物管理局(Bureau of Alcohol, Tobacco , Firearms and Explosives)创立的“集成弹道分析系统”(IBIS)。

子弹会说话吗?

所谓弹道指纹,就是根据子弹的固有特征,来反向追查对应的枪支。也就是说,可以让罪案现场遗留的子弹来“告诉”调查人员谁是真凶。而调查人员通常通过以下特征来让子弹“开口”。

口径:最基本的子弹特征。一个 10 毫米的子弹是肯定不会从 9 毫米的枪管中打出来的,所以子弹的口径就成了鉴定的首要特征。

弹壳痕迹:对于这个特征,要从枪管的膛线说起。

为了让弹头在出膛之后仍能保持既定的方向,并获得更快的初速度,人们从 18 世纪开始普遍在枪管中加入旋转的裂纹,让子弹在出膛时可以高速旋转。

于是，子弹在出膛时会被膛线"划伤"，也就是在与枪管的接触中被留下了独一无二的痕迹，而不同种类的枪支的膛线会有所不同。因此通过对子弹"伤痕"的鉴定，就可以进一步确定枪支种类。这就是所谓弹头痕迹。

子弹底标：通常不同的子弹制造商会在不同批、不同种的弹壳尾部刻上独一无二的编号，所以这也就成了最后一种可以鉴定子弹的特征。

250 万照样不靠谱

美国政府为了遏制枪支犯罪，在部分州建立了"国家集成弹道分析信息网"(NIBIN)，将所有新生产以及现有的枪支进行归类，在对子弹进行"微标记"后输入系统，于是就有了电视剧里常见的"一颗子弹定真凶"场景。

但现实总是比我们的愿望残酷，IBIS 自问世以来，反对声就层出不穷。如 2006 年加利福尼亚州政府针对 IBIS 出台了一项尖锐的报告：

1. 他们首先在理想情况下进行了实验，结果并不理想。测试人员用 790 种不同的手枪射击了 2000 发子弹，当使用"原厂原配"子弹时，电脑的错配率达到了 38%；在将子弹打乱使用后，错配率更是达到了惊人的 62%！

2. 犯罪者可以在 3 分钟之内改变枪支的弹道指纹，如捡走弹壳、更换枪膛、刮掉子弹标示等。

3. “高水平”罪犯显然不会购买商店里标记好的枪，他们可以偷一支或者去找他们的黑市哥们儿。

4. 首个实施 IBIS 的马里兰州在 5 年内无一例案例是通过弹道指纹破获，而这项系统花掉了州政府 250 万美元。

由此，加州政府认为弹道指纹系统“并不适合立即使用”，放弃了在本州使用 IBIS 的计划。

尽管如此，也并不是说法证人员以后就可以把犯罪现场的弹壳都扔到垃圾桶里了，枪弹痕迹学仍然是枪支案件中最重要的分析手段之一，待这项技术继续深入发展，应该也有能定真凶的一天。

花粉

屠杀的证据很微小

/Kenny/

1994 年,当工人们在德国的马德堡为一栋建筑挖掘地基时,一大片白骨突然从地里冒了出来,众人吓得够呛。人们当时立刻就把这些白骨算在了大独裁者希特勒的头上,甚至还有人认为希特勒本人可能就被埋在这里。

在进一步调查后,发现这其中共有 32 具男性尸骨,但希特勒和他的情妇爱娃并不在当中。调查者怀疑这事是臭名昭著的盖世太保干的,不过随着一位法医孢粉学家的介入,结果并没有那么遂人愿。

孢粉比对:特殊时间,特殊地点

法医孢粉学的核心是“比对”,由于不同植物的花粉具有独一无二的特征,所以对现场残留花粉的定种和分析就是法医孢粉学关注的关键点。

当然并不是所有的花粉都可以用,可以作为证据的花粉需要有相对足够的数量以及稳定的结构。像水媒花,它们的结构很脆弱,一离开水面就会立刻氧化,所以不能成为被采纳的证据。而自花授粉的花粉由于数量太少，通常也不会留在犯罪现场。

所以，那些相对比较结实——具有花粉外壁，而且数量不会太少——异花传粉的花粉，尤其是由动物协助传粉的类型，也就成为法医们的最爱。

通常，法医孢粉学被用来判断罪案发生的现场：比如警方在某个山沟里发现了一具无名尸，但是警方并没有在尸体现场找到凶器等证据，于是陷入了困境。到底哪里才是凶案现场？这时候法医孢粉学就派上用场了。通常我们衣服上、鼻孔里以及头发上都会有残留的花粉，而一般来说植物分布是具有地域性的，所以只需对花粉进行分析定位，就可以确定尸体是否曾经发生过移动。

不过除了地点，花粉有时候还可以揭示罪案发生的时间，虽然跨度稍微大了一点。在德国发现的那些白骨，最初的假设是事件发生在 1945 年的春天，也就是第二次世界大战的最后几天。不过通过对尸骨以及坟墓中花粉的分析和研究，法医孢粉学家认为这些花粉并不是春天的花粉，而是车前草的花粉，也就是说，这些人是在夏天被害的。而在 1945 年的夏天，马德堡早已经不在盖世太保的控制范围之内了。

经过进一步的资料比对，调查人员最终将这 32 位不幸的人确定为前苏联的士兵——他们由于拒绝镇压反抗而被前苏联间谍组织处决。

孢粉证据:高质量,高要求

一些肉眼可见的痕迹,比如头发、指纹、血液等,罪犯们还是可以清理掉或者避免的。但花粉就没那么好收拾了,因为你无从下手。不过,法医孢粉学由于对证据和技术的要求很高,目前并没有得到很广泛的应用。

孢粉证据可以在许多证物上取得,但由于孢粉分析对于证据的质量以及数量要求很高,所以如果孢粉不是在第一时间被收集的话,很可能无法被警方作为证据采纳。通常,孢粉的采集可以由以下途径取得。

- 现场或尸体上的泥土。
- 身体上的各种毛发:微小的孢粉会被头发所形成的牢笼“困”在其中。
- 衣服、绳子、书包等:孢粉同样会附着在织物的缝隙中。
- 毒品:如大麻花的花粉。制毒运毒的人员以及毒品农场的汽车等物件,都会附着特殊的花粉。

除了对证据质量要求较高外,缺乏专业人员以及专业设备也是法医孢粉学面临的很大问题。用比较流行的一句话来说就是:“并不是每个孢粉学家都精通法医学。”可是本身又有几个孢粉学家呢?

扳机一扣，证据一堆

/Kenny/

2011 年，"华裔神探"李昌钰博士曾奔赴台湾协助调查连胜文枪击案，并否认了流传的"自导自演"一说。其实李昌钰博士还曾经参与调查过"阿扁枪击案"，不过那次案子的最终调查报告一直都没有公开。

虽然我们无从得知这两起枪击案的具体调查方式，不过射击残留物调查(gunshot residue)绝对是破获枪击案件的有效手段。

什么是射击残留物?

如果遇到犯罪现场干净得什么都没有留下，法证人员就要头疼了。当然，现实肯定不会是这样的。罗卡定律是现代刑事鉴识科学的基石，我们知道，总有些东西会被留下的。

在射击过程中，撞针撞击子弹，使得火药迅速燃烧，会在枪膛内形成一股高压气体。这股气体在推动弹头脱离枪口的同时，也随之从枪口高速喷出来未燃尽的火药颗粒、枪油、金属屑、烟灰等残渣。而在一定距离和范围内射击时，就会在目的物或障碍物以及射击者手上留下这些微粒物质，也就是我们提到的"射击残留物"。

枪械不同,残留物也不同

由于不同枪械和对应子弹的结构和射击形态有所不同,所以它们所留下的射击残留物的形态也各不相同。就拿罪案中最常使用的手枪来说,在使用扫描电子显微镜对两款著名的手枪——Colt Trooper 356(左轮手枪)和 M1911A1(二战中大放异彩的半自动手枪)——的射击残留物进行分析后发现:

• 左轮手枪的残留物中有 74%的颗粒都是圆形的,其余的 26%为不规则形状。而在半自动手枪中,圆形颗粒的比例则下降到了 59%。

• 在左轮手枪中,有 65%的颗粒直径都小于 3 微米,大于 10 微米的颗粒仅占 2%。但在半自动手枪中,这两个比例分别为 48%和 14%。

除了残留物颗粒形态的分析之外,颗粒的出现位置同样也可以揭示枪械的特征。通过高速快门拍摄的图像可以告诉我们,如果使用 M1911,残留物会集中出现在虎口和手腕的部分。而如果是二战时德军军官所使用的鲁格手枪的后代 Ruger Mark II 22 半自动手枪,残留物则会集中在第二和第三指关节之中。

所以,枪和枪的射击残留物分布特征是完全不同的,只需对嫌犯的手、衣服或手套等相关证据进行采集、鉴定和比对,就可以轻易得知他使用的是什么样的枪械了。我们所熟知的“硝烟反应”就是射击残留物分析的一种。

时间,距离,角度

不只是枪械型号,射击残留物同样可以揭示射击的距离、角度和时间。不同的枪种和枪弹,在不同的射距内,其射击残留物特征也不同。在近距离射击时,残留物会存在于目标弹孔周围;在贴近射击时,目标弹孔周围会形成一圈褐色或接近黑色的烧焦痕迹;而在远距离射击的情况下,很少能在目标弹孔周围发现射击残留物。

当枪支垂直于物体进行射击时,弹头射入孔周围会形成近似圆形的火药分布圈。而在倾斜射击时,射击残留物分布相对密集的方向则为弹头飞来的方向。这也就是判断射击角度的依据了。

另外,借助于积炭的检测,还可以推断出射击的时间。射击后,火药气体溢出,在枪管、弹膛内部及后膛等部位会形成带有雾斑的深灰色痕迹,称作积炭。一昼夜左右的时间后,积炭会变成棕色,开始出现锈斑。再过 3～5 天,锈斑便形成一层锈层。借助这一特征,可以通过模拟实验来获得更准确的数据。

当然,对于近距离的射击,比如连胜文案件,射击残留物不但会出现在枪手身上,同样会出现在受害者身上。不过由于李博士不是第一时间到达现场,所以现场的重构也就成了他所面临的最大问题。

橡皮子弹也致命

/光猪/

据报道,2012 年 10 月 16 日下午 3 时 10 分许,韩国木浦海洋警察署所属 3009 舰在全罗南道新安郡黑山面红岛以西北 90 公里海上发现 30 余艘“非法捕捞”的中国渔船。在双方的冲突中,1 名中国船员被韩国海警发射的橡皮子弹击中身亡。

许多人可能都知道,橡皮子弹属于“非致命武器”,但为什么还是致命呢?橡皮子弹导致的伤亡和使用不当有没有关系呢?

身世:软和慢,来防暴

橡皮子弹是“防暴弹”的一种,防暴弹还包括豆袋弹和塑料弹,它们都用火药气体能量发射,但前者是一堆小球装在布袋里,撞击目标后布袋迅速变形,小球四散而失去能量;后者则是由柔软的泡沫塑料制作而成,容易变形。不过因为“橡皮子弹”这个词被广大人民群众所熟知,所以“防暴弹”往往都被称为“橡皮子弹”。

无论是哪种防暴弹,其原理都是相同的,那就是采用击发速度相对慢、材质较软的子弹。这样,子弹打到人体上就会变形,起到了缓冲的作用,同时因为变形造成接触面积迅速变大,所以压强比普通金属子弹小，也不容易钻入人体。

相对较慢的枪口速度，也能大大降低防暴子弹造成的损伤。比如英国的1.5英寸防暴弹的枪口速度是60米/秒，射程为100米。它的使用方法是向下发射，打中目标的腿部，让其疼痛不能行动。而12号霰弹枪发射的豆袋弹的枪口速度则是70～90米/秒。

与之对比，常见的警用半自动手枪格洛克17的9×19毫米子弹的枪口速度达到375米/秒；而MP-5A2冲锋枪发射的9×19毫米子弹的枪口速度更达到400米/秒。虽然大口径防暴弹的子弹重量大于普通子弹，但动能中包括重量的一次方和速度的二次方，所以快速的普通子弹的动能还是要远大于防暴弹。

例如，18.5毫米口径的12号霰弹枪发射的豆袋弹的重量是40克，枪口速度是90米/秒，那么它在枪口获得的动能就是162焦耳；而9毫米口径的MP-5A2发射的帕拉贝鲁姆弹的重量是7.45克，枪口速度是400米/秒，那么它在枪口获得的动能就是596焦耳。可见，虽然普通手枪子弹的口径远小于发射豆袋弹的12号霰弹枪，但是前者子弹能够传递给人体的动能却远大于后者。

普通子弹以很大的动能打到人体上，利用其坚硬的外表侵入人体，会切断人体组织，造成出血和破坏；而防暴弹以比较小的动能打到人体上，不会侵入人体，所以通常只造成疼痛，不容易造成巨大的、永久性的破坏。

最早的防暴弹要追溯到19世纪80年代，当时香港警察在新加坡的防暴行动中，以截成一段一段的扫帚把儿代替子弹。后来英国人发明了专用的防暴枪和防暴弹，用于对付北爱尔兰的暴乱。这种专门的防暴枪有一个很粗的枪管，只能单发，我们经常会在银行运钞车的护卫队手中看到这种枪。

近年来，各种通常发射普通弹的枪也纷纷配上防暴弹，以增加任务弹性，一般使用的是转轮手枪和非自动霰弹枪。这两种枪支都没有弹夹，子弹直接装入弹膛中，容易控制子弹的种类。而且两类武器都采用非自动装置，也就是说不需要用火药气体的能量实现下一发子弹再装填等机械动作，所以装药量也可以减少，以减小子弹的动能。另外，也有用自动步枪的枪榴弹发射的防暴弹。

除了上述枪支外，军工部门也逐步开发半自动武器、自动武器使用的橡皮子弹。半自动手枪、冲锋枪，甚至自动步枪，也能发射橡皮子弹。可以肯定，越专用的防暴枪安全性越高，用 AK-47 打橡皮子弹，确实不让人放心。

这次韩国海警击中中国渔民的是何种子弹尚不得而知。韩国海警有可能使用 12 号霰弹枪和豆袋弹，但是豆袋弹缺乏弹性，“反弹伤人”的情节让人生疑。也有可能是专用的防暴枪，或者转轮手枪发射的橡皮子弹，在这个事件中，使用半自动、自动武器发射橡皮子弹伤人的可能性不大。

缺点：使用不当，容易致命

虽然防暴弹的动能相对较小，且不易侵入人体，但它仍然会对人体造成冲击，将能量以冲击波的形式透过皮肤传入人体，造成破坏。如果破坏严重，足以造成大出血以致死亡。另外，防暴弹的上述特征还容易造成一个缺点：它很难准确命中，容易误伤。

在 2011 年发生的伦敦暴乱中，英国首相授权城市警察“以橡皮子弹作为紧急人群控制手段”，引发了广泛的争议。在这里，伦敦警方使用的是 40 毫米防暴弹。对此，《探索》频道的专栏作家克里斯汀·康格(Cristen Conger)曾经于 2011 年在一篇名为《橡皮子弹能杀死你吗?》的文章中，专门讨论了橡皮子弹的缺点。

从 1970 年到 1975 年，英国警方在北爱尔兰发射了 55000 发 150 毫米橡皮子弹，杀死了 13 个人，每 18000 发子弹杀死 1 个人，而每 800 发就能重伤 1 个人。

后来，军事科技人员改进了橡皮子弹的准确性，据称可以减少伤亡人数，但是在从 1987 年到 1993 年的巴以冲突中，死在以色列的橡皮子弹之下的人数至少有 20 人。

2000 年，《柳叶刀》(*The Lancet*)杂志的一篇文章分析了以色列对巴勒斯坦人使用橡皮子弹的案例，文章一共收集了 152 个伤亡案例，其中橡皮子弹共造成了 201 处伤痕。研究显示，橡皮子弹造成的严重伤害主要集中在四肢上($n=73$)，也会造成头、颈、脸和胸部的受伤，有 61%的伤害为钝器伤、39%为穿透伤。其中 3 例死亡中的 2 例因为子弹由眼睛射入脑部造成，而另 1 例则是在膝盖中枪后的清创术后死亡。

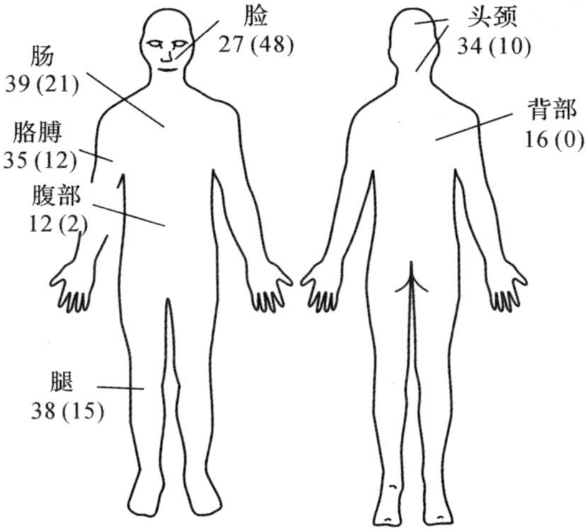

201 处伤痕的分布

论文的研究显示,橡皮子弹致伤通常在四肢和上半身。

文章认为,橡皮子弹造成的伤亡多是因为武器不当所致:橡皮子弹应当向下瞄准,以击中人体下半身,避免严重的伤害。论文的结论为:"橡皮子弹的不准确性、使用时不适当的瞄准和发射距离会让相当数量的人重伤和死亡。所以这种弹药不应被认为是一种人群控制的安全方式。"

用冰做一颗会消失的子弹

/AndymikA/

法证人员在不断提高侦查技术的同时，罪犯们的手段似乎也越来越高超了。在如何逃脱嫌疑、逍遥法外方面，他们也颇动了些脑筋。有的人绞尽脑汁地想制造不在场证明，有的人孜孜不倦地发掘新的杀人手段。总的来说，从计划到实施，从着手到得手，切断自己跟案件的关系是一名杀手的必修课。一些人会选择主动清理现场痕迹，还有人选择让现场自己“隐形”。在电影《一号通缉令》(*Most Wanted*)以及丹·布朗(Dan Brown)的小说《骗局》中，杀手都不约而同地使用了“冰子弹”。更有人认为，美国前总统肯尼迪就是被第二个枪手用冰子弹刺杀的。

这种“冰子弹”不是游戏里会让别人减速的“寒冰射击”，中弹的人会流血，会有贯穿伤等一般枪伤的效果。杀手在远处使用冰弹狙击，目标中弹后倒地死亡，身体的余温将冰制的子弹融化，将仅有的证据销毁。一般来说，子弹的弹头可以保留许多凶手的信息，例如枪的型号、购买渠道等。但若子弹融化，法证人员即使知道被害人是中枪身亡，也没有更确实的证据，即使可以推断出子弹射出的方位，杀手也早已不见了身影。

冰子弹可以制成吗?

枪类子弹的弹头一般是用铅或铅合金做成,弹头打入人体后会分散,加大创口面积,造成中弹人的二次伤害。如果枪伤没有经过仔细处理,人体中会残留许多细微的弹头残片导致重金属中毒。随着科技的发展,钢铅合金、铜铅合金等其他合金也都陆续成为弹头的制作材料。

一般来说,有三种不留痕迹的材料可以用来制作冰弹:纯净水、二氧化碳、氮气。这三种原料就在我们的生活当中,随处都是,无色无味,不会留下特殊的痕迹。如果是某种特殊的化学品,即使是溶解了,也会残留蛛丝马迹。

氮气在大气总量中约占78.12%,貌似是不错的选择。可是它要在标准大气压下冷却至-195.8℃才会变成没有颜色的液体,只有气温继续降低,氮气才会有成为固体的可能。由于条件过分严苛,氮气基本上就不会被考虑用来制作子弹。相信你不会为了得到一颗冰子弹而去搬弄上吨重的仪器,最后子弹还没来得及用就融化了。

从这一点看来,用水和二氧化碳制冰就显得更合理一些。纯净水在低于零度的正常大气环境下开始结冰,一般家用的冰箱都可以制得。二氧化碳在正常大气压强下降温至-78.5℃,形成固体,俗称干冰。干冰吸热后直接升华,不会经过液化过程。干冰也可以通过干冰机制得,现在普及率很高。两者可以通过倒模制成子弹头的形状，只要将其压入填充了火药的弹壳中，一颗杀人不见血的凶器便可制得。

冰子弹能打得出去吗？

子弹是制成了，我们还需要确定“冰子弹”是可以发射的。首先需要考虑的就是冰和干冰的冲击性能与温度，是否可以满足作为子弹的基本条件。子弹发射的原理是枪弹受到击发，底火引爆火药，产生高压气体，迫使弹丸射出枪膛，瞬间由化学能转化为机械能、动能，这个能量转换的过程，称为发射。

现代火药燃烧后转化成的气体，容积骤然增加几百倍至几千倍，一般最大膛压可达到 1200～3000 千克/平方厘米以上，平均膛压也有 400～500 千克/平方厘米。冲击性能是指物体承受以较高的速度施加在其上的冲击的能力，其中包含了应力和形变等因素。因此，冰子弹必须要承受高强度的冲击，不然，枪管里射出来的将会是一滩冰渣。关于子弹形状的“冰”具体可以承受多少的压强，冲击性能如何，我们不得而知。但是一颗金属显然不会被摔碎，而冰块只要往地上一扔，就会四分五裂。

在发射温度方面，就必须要介绍一下子弹所用的火药。无烟火药分为单基、双基和三基火药，单基火药之主成分为硝化纤维(NC)，双基火药之主成分为硝化纤维和硝化甘油(NG)，三基火药则含硝化纤维、硝化甘油和硝基胍。常用小型武器所用子弹之发射火药皆为单基火药或双基火药。无烟火药中也常含有二硝基甲苯(DNT),在美国和加拿大地区无烟火药是钢管炸弹的主爆药。

一般的子弹使用的为单基火药,发射时膛内温度可达 2500～3500℃,整个发射持续时间只有 1～60 毫秒。由于时间极短,因此温度貌似对于冰子弹的影响不大。但是连续的发射也会使枪膛的温度升高,最高可以到达 300～500℃,还没有发射的子弹可能就会因此“浪费”了。

就算打出去,这子弹能干什么用?

从上面几点来看,冰子弹就算能装到枪膛里,也基本打不出来。那么就算是子弹可以正常击发,它可以把人杀死吗?根据牛顿第一定律,物体的质量越大,惯性就越大。子弹从枪口中射出,即使有强大的推动力,质量过轻,速度也会被空气的阻力等因素所影响,伤害就更无从谈起了。

假设有人站在 5 米开外,拿 100 元的纸币揉成一团向你砸过来,你可能还没对方的胳膊疼呢。但是,如果拿 1 块钱硬币用同样的力道站在 5 米外砸你,也许你就会头破血流了。同样的道理,质量过小的子弹的射程、精确度和破坏力都不及质量大的子弹。因此,选择金属合金作为弹头的原因就是为了在同样的体积下增加子弹的重量。

铅的密度是 11.34 克/立方厘米,质软,适用于压制成弹头,且能降低流弹形成的概率。而冰的密度是 0.9 克/立方厘米,干冰的密度则是 1.5 克/立方厘米。很显然,用冰做成的子弹要达到正常子弹的质量，体积要比正常子弹大 12.6 倍，干冰在同等条件也要比正常子弹大 7.56 倍，除非你有更大的枪或者炮可以发射如此“巨型”的子弹。说实话，要真是那么麻烦的话，还不如去找一块冰疙瘩从楼上砸下去算了。

看来，冰子弹头要用在行凶上是不靠谱的，不过，用在娱乐上倒是可以考虑。国外有创意设计师觉得传统的冰块没有乐趣，因此设计出可以制造“冰块子弹”的冰槽，一盒可以做出 12 颗 AK47 的子弹。你可以在一个玻璃杯里加入两颗“子弹”，缓缓地倒入标签被撕花的伏特加，冷的冰撞上烈的酒，冷酷杀手的幻想和刺激的酒精在大脑中摇晃，你得以享受片刻的沉醉。

车痕

轮胎痕迹最诚实

/Kenny/

交通事故在生活中相当频繁，除了那些倒车追尾、并线刮蹭之类的小事故，还会有一些十分严重的车祸。其中更有一些，是刻意伪造过现场的谋杀。除了分析尸体上的车祸特征，轮胎痕迹也是法证人员的利器。

轮胎会带给地面什么？

交通事故，通常会不可避免地在地面上留下某些痕迹，包括地面轮胎痕迹、路面损伤痕迹以及地面散落物等，其中轮胎痕迹是调查的重中之重。

地面轮胎痕迹之所以会产生，是由于轮胎橡胶磨损后，作为橡胶配合剂的炭黑会“洒落”在地面上，而地面与轮胎的摩擦也会软化橡胶，附着于地面上。

由于不同车辆的轮胎型号不同，它们在地面上所留下痕迹的宽度、花纹以及特征也各不相同。即使是同一种轮胎，由于胎压、车速以及制动特点的不同，痕迹也会不尽相同。

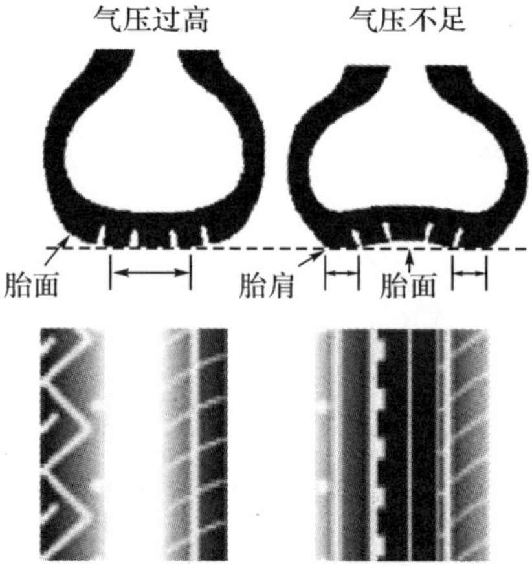

胎压对轮胎痕迹的影响

那么在一般的事故现场我们都会看到哪几种“胎迹”？

• 滚印：也就是车辆正常行驶时所留下的印记，能够清晰地反映轮胎的花纹和宽度。在胎压正常的情况下，滚印的宽度与轮胎胎面的宽度基本一致。

• 压印：指轮胎由于受到制动力的作用，沿行进方向对地面做滚动、滑动的复合运动。也就是在刹车时候“要抱死没抱死”的中间状态。这种印记的花纹与滚印相似，但是看起来就像是“被拉长”了一般。随着刹车制动力的增强，压印的痕迹也会逐渐增多。

• 拖印：指轮胎“抱死”后在地面滑移所造成的痕迹。一般来说，拖印就是“一条黑”，不过会有一条空白显示车胎的纵沟。

• 侧滑印：拖印是竖着抱死，侧滑印就是横着抱死。也就是车胎在地面“平移”所造成的痕迹。

到底刹车没有？

我们来假设一个现场：你欢乐地开着汽车，飞驰在乡间的小路上。突然一个人影儿出现在前方，你一脚刹车到底，可车速太快，你还是撞到了对方身上……万幸你们都没有严重受伤，不过问题来了，对方非说你是蓄意谋杀，而且这个地方的摄像头还正好坏了！那么，现在怎么证明你的无辜？

如果你真的踩了刹车，轮胎痕迹是不会说谎的。一般来说，“踩过刹车”的轮胎痕迹应该呈现一个“三段式”的特征：滚印—压印—拖印。

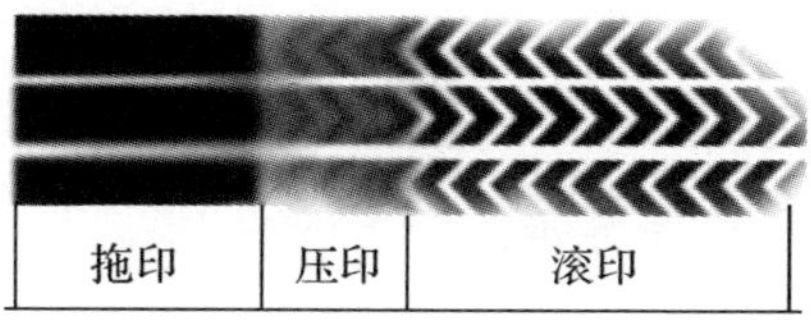

三段式拖印（示意图）

由于汽车的制动力是逐渐加强的，所以在司机踩下制动的时候，胎痕首先会从滚印变成压印，而后车胎“抱死”，拖印也就在这个时候出现了。因此，只要测量压印和拖印出现的时间和特征，就可以很轻易地得知汽车是否刹车以及是何时开始刹车的。

当然，对于装有ABS防抱死系统的汽车来说，拖印很可能不会出现。毕竟是“防抱死”，所以现场的轮胎痕迹会以压印为主。

不过不管怎么说，如果这是一场蓄意谋杀，那轮胎痕迹的分布、构成以及特征都会与意外事故中驾驶员的正常反应相差很远。通过对现场的重构实验,就可以轻易得知真相。

地面痕迹还能告诉我们什么?

当然,除了是否刹车,车速也是认定你是否有罪的证据之一。如果不幸你的测速仪正好坏了,就让胎痕和物理学来拯救你吧。

根据制动过程中的动能动量平衡关系,物理学可以给你一个神奇的公式:

$$V = \sqrt{254\varphi S}$$

其中,V 是速度,φ 是附着系数,S 是制动印记长度,254 嘛,就是传说中的常数。

这个公式是制动车速的通用公式,而根据具体情况的不同,这个公式还有大量变种等着你。

好了,现在你可以洗脱嫌疑了。但是如果你不幸是被撞的那位呢? 不用慌,就算肇事车辆逃走了,轮胎痕迹也会告诉我们许多细节。

首先,最直观的特征就是轮胎痕迹所体现的汽车型号。由于每一种车的轴距与车胎型号基本都不相同,胎痕也就给警方侦查提供了一项关键数据。

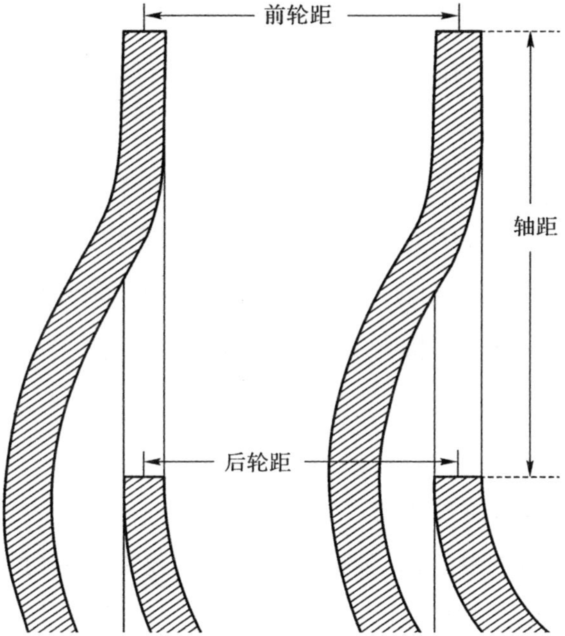

通过前后轮胎痕判断轴距(示意图)

另外,一些小的细节还可以“泄露”车辆的逃跑方向。由于空气急流的作用,轮胎侧面的尘土、细沙等物质通常会形成扇形,而这个扇形的展开面通常与行驶方向相反。除了尘土外,汽车上滴下来的油滴、水滴的形状同样可以指向其行驶方向。

人体痕迹揭示现场

在交通事故中,尤其是出现重大伤亡的交通事故中,受害人以及驾驶员的身体痕迹同样也是检验的重点。

在受害者的衣服上，最常见的证据就是附着痕迹以及碾压痕迹，比如衣服上出现的油漆、泥土以及被轮胎碾过所出现的轮胎印等。

而对于受害者的身体来说，比较重要的就是撞击发生的位置了。不同车型的保险杠距路面高度不同，而人体受撞击部位不同，撞击后人体的“运动轨迹”也一定是不相同的。而只要知道伤者被撞的位置以及车上的伤痕，通过一些现场的再造技术，就完全可以对当时的情况进行重现。

保护现场，重建调查

在车祸调查中，为了不阻碍交通，现场通常会在很短的时间内就被清理。所以在最初的调查中，对于现场细节的详细记录就变得极为重要。一般来说，除了对胎痕、保险杠以及其他重要位置详细拍摄以外，还需要对现场的情况详细作图，为以后的现场重建做准备。

在后续的调查中，调查人员可以使用由现场胎痕所得到的车速、车型、行驶角度以及撞击位置等方法对现场进行重构，以得到更直观、更准确的数据。

坎坷的取证追凶之路

/馒头老妖/

自从DNA(脱氧核糖核酸)在1953年被发现后,很快进入了法庭科学的视野。1954年,阿莱克·杰弗里斯(Alec Jeffreys)爵士首次通过DNA鉴定了亲子关系。20世纪80年代后,英国开始利用DNA来判定嫌疑人身份。今天,DNA鉴定已经成为最重要的法庭科学利器,在大多数国家都被承认是可靠的铁证。

在同时期的美国,DNA曾多次帮助许多无辜的人脱罪,但对DNA取证问题的讨论和重视,还是起源于一个连环奸杀少女的罪犯的落网。

不断前进的邪恶脚步

1991年1月的一个下午,13岁的葆拉·伊列拉(Paola Illera)在自家公寓楼下按下了对讲门铃,欢快地说道:“妈咪,是我。”她的母亲按下了开门按钮,并顺便看了一眼墙壁上的钟——16:55。女孩走进了大厅,上了电梯,但却迟迟没有回到她位于30楼的家。

心急如焚的母亲赶紧四下寻找。几个小时后,女孩的尸体被一位遛狗的路人发现,她静静地躺在东河(East River)冰冷的河岸边。这里距她家非常远,旁边就是川流不息的沃德岛大桥(Ward's Island Bridge)。法医检验显示,她生前曾奋力反抗,在腿上留下了许多触目惊心的伤痕,但还是遭到了性侵犯,她的左胸被刺 3 刀,最终死于窒息。

伤痛欲绝的母亲迅速报警,但警方侦查一番后并无头绪。加上案件发生在犯罪率本身就较高的纽约东部黑人区,慢慢地也就被搁置起来了。

然而,邪恶并没有停下脚步。

1994 年,一个 15 岁的小女孩在街头被一名男子持刀胁迫到了一个偏僻的小巷。他从她的衣服上撕下一块布条,蒙住了她的眼睛,逼迫她脱掉衣服并对她进行了性侵犯。不幸中的万幸是,女孩没有像葆拉一样被杀害。事后,她回忆说,对方是个身材健壮的黑人男子,还洋洋自得地对她说道:"能被我这样的大帅哥玩,算你运气好啊。"不过,这起性侵犯案件并没能让人联想到 3 年前的葆拉案件。

但自从 1997 年开始,多名受害者的遗体依次被发现。尸检显示,他们在生前都曾经遭受了性侵害。同时,又有一名少女逃脱了凶手的魔掌。据她描述,当凶手凌辱她的时候,她疼得尖叫起来,那个人让她闭嘴:"忍着点,像个女人一样承受。"

在纽约市民愤怒的要求下,警方开始对这个残忍的奸杀嫌犯高度重视起来。可就在 1998 年的秋天,受害者的名单又增加了两个:一个 16 岁,另一个还不到 14 岁。后者告诉警方,那个嫌犯向她提出了一个古怪的要求——要表现得很爱他才行。两个女孩在被袭击时都被蒙住了眼睛，这也许就是她们得以生还的原因。

如何拿到 DNA 样本？

此时，DNA 已经开始被用于锁定嫌疑人，但 DNA 数据库尚未建立。在这几起案件中，警方在现场基本都找到了 DNA 证据，如毛发、现场的体液等（有受害者曾请求嫌犯使用安全套，被他拒绝），并确认这些 DNA 来自同一个人，但他们却没法从茫茫人海中锁定嫌疑人。

让一切峰回路转的，是一个线人打来的电话。他告诉警方，作案的可能是一个叫做“老 A”的人，这个人和葆拉家住在同一栋公寓楼里。警方在调查后发现，“老 A”的真名是阿若恩·基(Arohn Kee)。

这个名字迅速让警方激动起来。在葆拉被害案中，有人曾目击一可疑男性在她之前走进了电梯。在调查中，该男子告诉警方他当时在 19 楼就下了电梯。警察轻易相信了他的话，只是记下了他的名字：阿若恩·沃福德(Arohn Warford)。

这个有些冷僻的名字，在 6 年后的一起凶案中也出现了：在受害者被害前一天，曾经和一个叫做阿若恩·基的人打了很多个电话。这次，阿若恩向警方解释说，约哈莉斯是他女友的闺蜜，两个女人打电话是讨论逛街的事情——而这个解释居然再次轻松过关。

警方迅速判断，这两个阿若恩就是同一个人，而且很可能就是那个逍遥法外多年的冷血连环杀手。1999 年 2 月 19 日，迈阿密特警成功抓住了时年 25 岁的阿若恩，理由是他涉嫌一起盗窃计算机案件。而锁定他的证据似乎也就近在眼前：只要取到他的 DNA，然后与案发时收集的 DNA 证物相比对,就完全可以确定他是不是嫌犯了。

不过,当时警方遇到了一个问题:如何才能取到他的 DNA 样本呢?此前,在 1988 年的 California v. Greenwood 一案中,美国最高法院曾裁定,宪法第 4 修正案并不禁止司法机构从已经丢弃的垃圾中提取 DNA 证据。尽管美国国会在 2000 年通过的《DNA 分析报告消除法案》(*DNA Analysis Backlog Elimination Act of 2000*)中曾规定,“警方有权对已被定罪的罪犯提取 DNA 样本”,但本案中阿若恩还未被定罪,所以警方好像怎么也找不到一个合法的手段强制提取他的 DNA 样本。

想来想去,一位女警甚至装成医生,要求给阿若恩用棉签擦拭口腔,并说这是例行检查。可阿若恩声称自己有宗教信仰而不能接受检查。他处处提防,连吃饭后用过的纸杯,也要撕碎后从马桶冲走。

警方只好像大海捞针一样四处寻找,终于在阿若恩刚被拘留时喝过水的一个纸杯上找到了他的 DNA 样本。几天之后,姗姗来迟的 DNA 鉴定结论给了警方一个惊喜:他,就是这几起性侵、奸杀少女的幕后黑手。

如果早有 DNA 数据库?

这时,已经被保释的阿若恩没能再继续呼吸自由的空气,警方迅速将其抓捕。但在庭审中,他的辩护律师提出,警方对阿若恩提取 DNA 的方法没有法律授权，违反了宪法第 4 修正案，纯属非法取证，必须予以排除。但考虑到此案案情非常重大，能否定罪完全依赖于 DNA 证据，如果因此而让阿若恩逍遥法外，也必将损害实质公平。

最终，曼哈顿高等法院的本案主审法官琼·苏多莉克(Joan Sudolnik)裁定，阿若恩必须按照检方的要求，在保证其健康的前提下，采集血样以完成 DNA 检测。最后，陪审团裁定阿若恩多项罪名成立。2001 年 1 月 25 日，时年 27 岁的阿若恩·基被判处 400 年有期徒刑。

此案直接导致了立法者重新考虑个人隐私权与公共利益之间的平衡。同时，由于儿童侵害案件频发，在《全美通缉令》主持人约翰·沃尔什(John Walsh)的推动下，美国国会于 2006 年通过了以沃尔什被害的儿子命名的《亚当·沃尔什保护儿童安全法案》(*Adam Walsh Child Protection and Safety Act*)。

法案中的第 155 条对 DNA 取证规则进行了修正：对于被逮捕、面临起诉的犯罪嫌疑人，警方也可强制要求对方提供 DNA 样本，而无需等定罪才能收录。同时，DNA 数据库的建立也逐渐得到重视。值得一提的是，阿若恩曾在 1990 年因为涉嫌抢劫被逮捕并在不久之后获释，当时倘若有一个完善的 DNA 数据库，也许他在第一次作案后就会落入法网了。

毛毛雨做安防

/苏木七/

我们经常看到用DNA来鉴定受害者和凶手，也就是凶案已经发生了，法医可以提取DNA作为有效的工具。但如果想做点什么来防止这么严重的罪案呢？比如说，在遭遇盗窃或者抢劫的时候，在手无缚鸡之力的时候，也许可以用到新的DNA安防技术。

这真不是空气加湿器

一家位于闹市的珠宝店里，一男子突然拿出手枪，威胁店员打开柜台。可怜的店员只好听从他的命令，掏出钥匙，打开柜台，拿出珠宝。趁男子装珠宝之际，机灵的小姑娘装作不经意碰了一个不起眼的按钮……你一定以为这是警报按钮，顿时铃声大作，警方会迅速出现。

但警报没响，男子装好珠宝逃出门去，这时一阵如毛毛雨般的喷雾洒在了他周围。“什么见鬼的加湿器，水汽都撒到脸上啦。”男子蹿出门外，扬长而去。直到警察抓获他时他才明白，正是那阵“毛毛雨”暴露了他的身份。

取代响铃警报的那阵毛毛雨，到底是什么呢？新型追踪加湿器？这是美国 ADT 公司推出的安防系统 DNA Guardian 的关键组成部分。

这毛毛雨其实是一种无色无味无毒、包含一种类“DNA”物质的溶液。当安防系统被激活后，装在门上方的传感器如果感知到有人接近，就会喷洒这种物质，附在罪犯的皮肤、衣物或抢到的战利品上。如果洒到皮肤上，这种“DNA”会进入毛孔，附着在汗毛、睫毛、鼻毛、耳毛上，并且停留长达数周的时间，即使擦拭也不能将之完全擦除，还会弄得到处都是；即使淋浴也不能将之完全洗掉，还是会有一部分顽固分子留在上面。如果附在衣物或其他物品上的话，哼哼，那可就是怎么洗也洗不掉了！

除了这种“类 DNA 物质”，毛毛雨中还含有荧光分子，在紫外灯下可以发出荧光，帮助警察找到疑犯。试想，警察叔叔可以在公路的入口设卡，然后拿紫外灯挨个照，如果你的脸会发光的话……只要把这些“DNA”刮下来，就可以轻易得知你在哪犯过事儿了。

又一个独一无二

每个人的 DNA 都不一样，每个 DNA 安防系统的“DNA”也是独一无二的。这样就可以将每起案件和特定的商家一一对应起来，也方便找回丢失的财物。

如果遇上了团伙作案怎么办呢？DNA 安防系统还可以下阵雨——每当有罪犯接近门口时，就会喷一阵，最多可以喷 15 次。

如果在场的店员小姑娘被迫蹲到墙角，没法按按钮怎么办？

这个系统还可以远程遥控,处在后台或隐蔽处的店员就能及时地按下按钮,激活系统。

如果罪犯感觉到毛毛雨,而采取各种方法将之抹去怎么办?理论上这些 DNA 的痕迹在短期内较难消除,并且在那种急于逃跑的紧张气氛下,罪犯很难感受到那阵细雨,特别是在带着头套或丝袜的情况下。因此,这样的 DNA 细雨称得上是不露痕迹。

除了装在门口,毛毛雨的喷头还可以装在任何指定的位置。此外,DNA 安防系统还可以和闭路电视、报警系统等连接起来,同时触发多种安防机制。更重要的是,在商店外贴上一个 DNA 安防系统的标志,可以起到威慑的作用,打消罪犯们的作案计划。

特殊条形码

除了 ADT,英国的 Smart Water 公司也利用类似的溶液,给商品或财产打上独一无二的条形码。不过他们的产品是一种基于金属的惰性化学物质,据称这样的物质比 ADT 的"DNA"更稳定,不易被破坏和擦掉,可以在物品上保留长达数年的时间。使用时只需在物品上找个不显眼的非光滑表面,涂上适量的溶液即可,能被标记的物品包括珠宝、电器、汽车,甚至除草机等。Smart Water 里面也含有紫外灯下可见的荧光分子,方便警察追踪和调查。

曾有研究对 100 名罪犯进行调查,74%的罪犯表示,如果他们在公寓外看到 Smart Water 的标志,就不会破门而入盗窃财物。

相比神秘的 Smart Water,ADT 公司的"DNA"更容易降解和变性。要使之在物体上停留长达数年的时间,经得起风吹、日晒、水洗、酶解,还需要做很多的功课。当然,目前用 DNA 短期标记财物还是能够实现的,上述 DNA 安防系统的毛毛雨喷洒到被劫财物上就能停留数周时间。

2012 年,英国警方也采用了类似的技术:在以往街头骚乱中,警方尽量不使用致命性武器,以免误伤无辜,而他们现在有了一个新武器——发射彩弹的气枪。

这种气枪,实际上是野战游戏里用的彩弹枪,哪怕打在脸上、身上也不会造成严重的伤害,无非是一滩染料而已——但是,这里头可不仅是染料,还含有经过基因工程培养的一段 DNA。

在骚乱发生时,警察用这种特殊的“彩弹枪”向那些明显违法者射击,对方只会觉得脸上被轻拍了一下,没什么后果。然而,等到他走过几个街区,准备逃离现场时,可能会被警方抓获。也许,他会申辩说,凭什么说我刚才就在那儿?这时,脸上的那一滩 DNA,就可以证明确实是从警用彩弹枪中发射出来的——这些 DNA 的序列早已被登记在案,是难以抵赖的物证。

昆虫

法医玩昆虫的必要性

/苏木七/

当警察和普通病理学家面对面目全非的尸体束手无策的时候,苍蝇和蝇蛆可能会帮大忙。伦敦自然史博物馆的法医昆虫学家们则会告诉你更多有趣的故事。

著名的 Ruxton 蝇蛆

在伦敦自然史博物馆昆虫所(Natural History Museum's Department of Entomology)的实验室,首席研究员马丁·霍尔(Martin Hall)拿着一个小玻璃瓶对着荧光来回晃动进行观察,瓶子里的褐色条状小虫在透明的溶液中不停地翻滚。

"这就是著名的 Ruxton 蝇蛆。"他说。

如果不是这些蝇蛆,巴克·鲁克斯顿(Buck Ruxton)的案子可能早被遗忘了。这件案子在 1936 年的英国可谓名噪一时。

鲁克斯顿出生在孟买,后来在英国兰卡斯特城(Lancaster)开了家诊所,做起了全科医生。他医术高超,受人称赞,只是疑心太重,总是怀疑他的女友伊莎贝拉(Isabella)有外遇(至今仍未发现任何证据)。终于,强烈的嫉妒心使他失去了理智,他掐死了伊莎贝拉，接着又杀害了他们的女仆，以免走漏风声。

鲁克斯顿不愧为一个专业的医生——他肢解了尸体，并且移除了上面所有的特征标记，比如痣和伤疤。尸体被分成了70多块，包在几份旧报纸里。然后他开着车，将这堆可怕的东西扔到了百里之外苏格兰边境的一条溪流中。

可是他犯了两个致命错误。用来包裹尸体的旧报纸有一份是专刊，仅在兰卡斯特和摩坎比(Morecambe)两个地区发行。另外，他驾车回来时撞倒了一个骑车的人，被警察记下了牌照。

不过，对案件的侦破起关键作用的是一个叫默恩斯(AG Mearns)的昆虫学家。通过研究爬满尸体的青蝇幼虫，他确定这些蝇蛆的年龄是12～14天，从而推知尸体被扔到水里的具体时间。铁证如山，最终鲁克斯顿被判处了绞刑。

这是历史上第一次利用蝇蛆来破案。现在由于《犯罪现场调查》和《识骨寻踪》等电视剧以及《沉默的羔羊》等电影的风行，法医昆虫学家(Forensic Entomologist)对人们而言不再陌生。他们的主要工作是研究尸体上的蝇蛆，确定具体死亡时间。

霍尔是自然史博物馆300多名幕后科学家之一。他看起来彬彬有礼，身手敏捷，平易近人，一点也不像电视上所展示的昆虫学家的形象。当我们走进泛着恶臭的蝇蛆培养室时，他幽默地说："这里的味道很奇怪，不过稍微有点甜味，是吧？这里蝇蛆以腐烂的肝脏和狗粮为食。"

感知死亡的苍蝇

许多种类的苍蝇在其幼虫(即蝇蛆)时期,以腐肉为食。其中最吸引霍尔的是丽蝇科,包括英国最常见的绿蝇和青蝇。即使在5000米之外,它们也能感知到死亡的气息,率先找到尸体,因此它们成了法医昆虫学家的首要研究材料。

在这里有必要简述苍蝇的发育过程,它的一生要经过卵、幼虫(蛆)、蛹、成虫四个时期。卵期的发育时间一般少于24小时。苍蝇的幼虫俗称蝇蛆,以腐肉等腐败发酵有机物为食,该期可持续5天或更多,能细分为三个龄期。蛹期一般持续一个星期。最后由蛹羽化为成虫。

许多因素影响这一发育过程,比如环境温度、尸体大小、在室内还是室外,以及尸体是裸露还是有着装。法医昆虫学家的工作就是收集尸体上的蝇蛆,考虑可能的影响因素,推算出第一只苍蝇找到尸体的时间。"3天后,普通的病理学家就很难推断死亡时间了。"霍尔说,"蝇蛆则可以告诉我们更准确的信息。一般在蝇蛆发育的第一个星期内,我们的推断误差不超过一天。即使尸体被焚烧了,利用蝇蛆也是可以推断的,而这对普通的病理学家而言简直是不可能的事情。"

法医昆虫学

法医昆虫学家向警察提供的死亡时间数据被称为最小死后间

隔时间(postmortem interval)。死后间隔时间是指发现、检查尸体时距死亡发生时的时间间隔。而最小死后间隔时间不包括从死亡到苍蝇找到尸体这段时间。霍尔说:"我们能确定的是苍蝇什么时候找到尸体。在夏天或室外,从死亡到苍蝇发现尸体可能只需一小时;而在冬天或室内,则要久一些。"不过,最小死后间隔时间就足够为案件提供关键的证据了。

尸体上蝇蛆的种类也很重要。"如果我们在乡下发现了一具尸体,按常理上面的蝇蛆应该是各种种类都有,但如果我们只找到了一种,比如说是在城市更常见的蝇蛆,那么我们几乎可以肯定地说,这具尸体是从别的地方运过来的。"霍尔说。

霍尔的工具箱包括一个用于捕获苍蝇的可折叠网兜、一个放大镜、一个数字温度计、一个可定期记录环境温度的数字记录器以及飞机上常用的塑料咖啡勺。他解释说,用这个勺子舀蝇蛆很方便。"它们可以提供更多的信息。比如,如果我知道这类蝇蛆变成成虫需要 20 天,而培养 10 天后它们就变成了苍蝇,这样我就知道拿到虫子的时候它们的年龄是 10 天。"

美国的法医学家们在考虑使用附满蝇蛆的腐肉的气味作为最小死后间隔时间的主要指标。霍尔等正致力于利用热成像技术研究蝇蛆,研究表明蝇蛆的温度越高,它们的年龄越老。对于法医昆虫学家来说,还有许多工作要做。

能告诉你死亡时间的小生物

/苏木七/

昆虫不仅直接取食尸体，还能帮助各种微生物进入尸体内，加快其分解。除了这种“清道夫”角色，昆虫在法医学上的作用也不容小觑。早在南宋宋慈所著的《洗冤集录》一书中，就记载有根据蝇类辨识出带有血腥气的作案凶器之事，这是有关法医昆虫学的最早文献记载。法医昆虫学目前已经成为一个比较系统的学科，推断死亡时间、伤口部位、移尸情况都不在话下。

尸体上的昆虫大家族

尸体上常见的昆虫多达 5 目 67 科，其中以双翅目和鞘翅目最为重要，最常见的是丽蝇科。它们有的直接以尸体为食，如丽蝇科(*Calliphoriade*)和麻蝇科(*Sarcophagidae*)，它们是推断死亡时间的常用物种。还有一些昆虫捕食尸食性昆虫，如隐翅甲科(*Staphylinidae*)和阎甲科(*Histeriade*)，它们通过减少尸食性昆虫的数目而延缓尸体分解速率。此外，蚂蚁、马蜂、跳虫、蜘蛛、恙螨等也可在尸体上发现，它们在法医上应用并不多，不过在有些案件中还是大有用武之地的。

1983 年,美国南加利福利亚的警官在检查一具白人女尸时发现其脚踝和腰部有凸起的红点,特别像恙螨叮咬的痕迹。而当时恙螨的分布区域有限,凶手和死者可能同在野外某一地点出现过,身上可能有类似的斑点。果然,在犯罪嫌疑人身上也发现了这样的红点,进一步调查确认其为凶手。

昆虫年龄见真相

蝇类的发育要经历四个阶段。在常温下,卵期的发育时间一般持续 1 天。蝇类的幼虫俗称蝇蛆,可细分为三个龄期,共持续 5 天。蛹期一般持续一周。最后由蛹羽化为成虫。

不同种类的蝇,其发育速度也不一样。除此之外,影响尸体上蝇蛆种类和发育速度的因素还包括温度、湿度、光照、尸体情况等。

影响蝇蛆发育的条件

温度	在合适的温度范围内,温度越高,发育速率越快; 温度太低时,成虫不活动,卵不能孵化
湿度	生长基质的湿度影响卵的孵化率
光照	有些昆虫(如丽蝇)为负趋光性,绿蝇则为正趋光性
季节	与冬天相比,暴露于春夏季节的尸体上的蝇蛆种类显然更丰富
昼夜节律	尸食性昆虫的活动有明显的昼夜节律,如丽蝇多在日间活动
尸体情况	室外尸体比起室内尸体,能更快地吸引较多种类的蝇类产卵。若尸体被覆盖,会妨碍多数蝇类的活动
食物供应和竞争	若尸体较小,食物供应不足,将出现个体小的幼虫、蛹和成虫,导致日龄估计产生偏颇

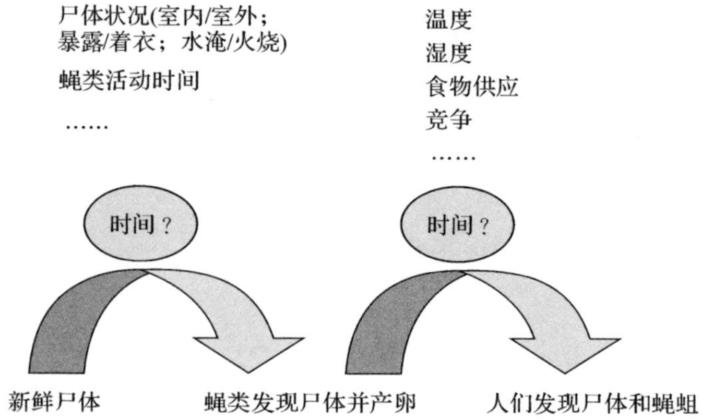

法医昆虫学家需要考虑什么?

法医昆虫学家的工作之一就是收集尸体上的昆虫,鉴定其种类和发育阶段,考虑可能的影响因素,并以此推算出可能的死亡时间。通常有的虫子在现场会被沸水杀死,保存在乙醇中用于将来分析;另一些则被送到培养室,在合适的温度下进行培养,进一步确认其发育阶段。

比如若已知在现场条件下红头丽蝇幼虫发育到成虫阶段需要20天,而采集到的蝇蛆15天后羽化为成虫,这样我们便知道当时找到的蝇蛆其年龄为5天。再结合卵期长短数据,便可推知成虫产卵是在什么时候,也就是死亡可能发生的时间。

早期和中期尸体上主要是蝇类,鞘翅目多发生在中期和后期。若在尸体上发现了蝇类的空蛹壳,或者郭公甲科(*Cleridae*)、皮蠹科(*Dermestidae*)等鞘翅目昆虫,说明尸体历时已久。

此外,在死亡时间较长的案件中,黑水虻(*Hermetia illucens*)

也是一个重要的时间指示器。黑水虻成虫产卵于死后20～30天的尸体上，并且从产卵到羽化需要经历数十天(21.7℃时约为52天)，所以它常见于死亡数月的尸体上。

尸体阶段与昆虫活动对照

尸体腐败阶段	尸体现象	昆虫活动
新鲜期	一般持续1～3天。随气温降低而延长，外观无明显变化	蝇类在本期出现并产卵。夏天位于室外的尸体，数小时内其上即有成虫产卵
肿胀期	持续数天至十几天不等。尸体肿胀，腐败气味浓厚	蝇卵孵化出幼虫。此时仍会吸引大量成蝇、蚂蚁和甲虫聚集到尸体上。后期出现蛹
腐烂期	持续数天至数十天不等。高度腐烂，组织液化，气味强烈。大量蛆虫取食造成许多孔洞，骨骼外露	蛆虫堆积翻滚，占据了大部分尸体。前来产卵的成蝇数目减少。可出现蛹以及羽化后的蛹壳
干化期	仅存毛发和骨骼等	多数昆虫离去。只存留一些蚂蚁和甲虫

不过，仅仅推知蝇类产卵时间是不够的，还得知道从死亡到蝇类找到尸体所经历的时间。一般蝇类能很快地嗅出死亡的味道，到达尸体。在夏天的室外，这个过程不到1小时。而在蝇类稀少的冬季或者室内，则会久一些。

小昆虫大用处

死亡超过3天后，普通的病理学家就很难推断准确的死亡时间了，而利用蝇蛆推断的死亡时间可达十天半月，甚至长达几个月。前面说过的鲁克斯顿一案就是法医昆虫学的成名之作。昆虫学家通过尸体上的蝇蛆,推断死亡时间约为 12～14 天,为嫌疑人的定罪提供了关键证据。

推断死后间隔时间是昆虫的重头戏,不过它们的作用远不止于此:

• 发现尸体上的伤口。俗话说苍蝇不叮无缝的蛋,蝇类喜欢湿润的地方,常在尸体孔窍处(如口鼻和生殖器部位)产卵。如果在身上其他部位也发现了较多的蝇蛆聚集,则提示该处可能存在伤口。在尸体严重腐烂时,从外观看不出伤口的存在,此时蝇蛆尤其管用。

• 推断移尸情况。不同的地区,昆虫的种类不一样。如果在尸体身上发现了当地没有的蝇蛆种类,表明尸体可能是从他处转移来的。

• 法医昆虫毒理学。当传统的毒理学材料(如血液和尿液)不可得时,利用蝇蛆还能进行毒理学分析,并且不受尸体分解产物的干扰。

每次看到恶心蝇蛆的图片时,我都会默念:蝇蛆是法医的朋友,蝇蛆是人类的朋友,蝇蛆还能清除伤口上的腐肉用来治病呢……

性侵犯里的蛛丝马迹

/苏木七/

性侵犯取证看似繁琐，其实只是将罗卡定律用到了极致。在性侵犯这样一个接触如此密切的过程中，罪犯会在受害者身上和案发现场留下残留物，而罪犯自己身上也会带有受害者的东西。而法证人员的工作，就是找到这些交换后的微量残留物并固定下来，作为指证罪犯的可靠物证。

性侵犯最常见的形式是强奸，通常是男对女，男对男的情况也时有出现，特别是在监狱中或者猥亵儿童案件里。这里介绍的取证主要针对男对女的情形。

受害者陈述：再难也得问

在取证之前，警方往往需要询问受害者案件相关情况，比如罪犯特征、作案经过，越详细越好。不过，这可不是件容易的活儿。不少受害者事后处于应激状态，为照顾其情绪，暂时不便问太多，但这样会错过取证的最佳时机；一些受害者比较内向，对于案件细节羞于启齿，也导致医生和警方拿到的信息不足，妨碍取证。为此，有必要对处理此类案件的警员（最好是女性警员）进行专门的培训;对于那些未成年的受害者,一些司法机关(如 FBI)还有专门的询问专家负责录取口供,避免不恰当的询问给受害者留下心理上的二次伤害。

为了将罪犯绳之以法,即便再难,下列问题也必须询问:

询问范围	具体内容	备注
案件概况	时间、地点、周围环境。	
罪犯特征	罪犯的数目、年龄、长相、穿着、口音、是否认识 或者其他特征。	
案件经过	阴茎是否插入过或尝试插入过阴道/肛门/口腔。	如无,则不必对相关部位进行取样检查,缩小取证范围。
	有无口交行为。	
	罪犯是否射精。	当然,有时候受害者很难知道罪犯是否射精,甚至即使知道也羞于说出来。
	是否使用了润滑油或避孕套。	
	有无反抗/反抗是否对罪犯造成了伤害。	如有,罪犯的血可能会滴到受害者身上,或者受害者的指甲内会残留有罪犯的皮肉组织。
受害者自身状况	案发后有无换衣、洗浴、排泄、呕吐、刷牙、漱口等行为。	这些行为会减少找到有用证据的可能性。
	案发时是否处于月经周期。	若是,受害者的血可能会转移到罪犯身上/内裤上,可作为强奸证据。
	案发前 72 小时内是否有其他性活动。	如有,则需对此前的性伴侣进行取样,以排除干扰。

取证:既铁骨,亦柔情

按照美国联邦法律(VAMA 2005),为尊重个人隐私权,任何司法机关不得强制性侵案件的受害者接受体检。然而,物证是会消失的，最佳取证时间是案发后 72 小时以内，时间拖得越久，物证灭失的风险就愈大。为此，美国一些州承认一种叫做“Rape Kit”的取证工具的法律效力（正式称谓是 Sexual Assault Forensic Evidence Kit，即性侵害案件呈堂物证套盒），在这两者之间找到一个平衡：受害者可以去任意一家医院，请医护人员用 Rape Kit 取证固定，但是否报案、是否将取得的证据交给警方，则留给受害者自己决定。

性侵犯案件中要提取的证据包括各种体液（精液、血液、唾液、汗液、泪液、尿液、阴道残留物）、毛发、衣物或床单上的残留物等，而 Rape Kit 中的工具就是分别对应这些东西的取证：

套盒中的取证工具	用　途	所提取的物证的意义
一张光滑的大白纸	取证前，让受害人站在白纸上脱掉所有衣物，避免衣服上残留的毛发、纤维等被遗漏	任何细微的毛发、纤维、碎屑、草籽，都可能成为发生过接触的证据
多个大小不一的纸质信封	用于封装不同的物证标本，如每一根棉签、毛发、尿样等都必须单独封装	将取得的标本放置在透气的纸袋中并封好，避免证据被意外或人为污染
多根无菌棉签（拭子）	用于擦拭受害人的会阴部、阴道内以及身体上任何肉眼可见的疑似体液的残留痕迹	这些部位可能残留有嫌疑人的唾液、精液等含有 DNA 的物质，而 DNA 是最终确定嫌疑人身份的有力证据
多双一次性手套	供取证者在取证时使用	在每一项取证操作前，都必须换上全新的一次性手套，杜绝污染证据的可能性

续 表

套盒中的取证工具	用 途	所提取的物证的意义
木制牙签	用于剔出受害人指甲中的残留物质	受害者反抗时，指甲缝中可能残留嫌疑人的皮肤碎片、血迹等含有 DNA 的物质
梳子	用于梳理受害人的头发、阴毛	可能从其中找到嫌疑人留下的头发、毛发
一次性塑料采血管	用于采集受害人的血液样本	可以证明受害人是否摄入了安眠药等药物，以及血液中的酒精浓度高低，借此判断受害人当时的精神状态
一次性尿液管	用于采集受害人的尿液样本	同上，检测受害人的尿液中是否含有安眠类药物的代谢物
外科手术刀	剪取一小撮受害人的毛发	如果在嫌疑人身上发现外来毛发，则可以比对是否来源于受害人而作为证据
取证操作说明书	指导医护人员如何规范取证	取证的严谨与否，直接影响到证据的效力，因此每一项物证的提取都必须按规定操作
取证情况证明	由取证人、受害人共同填写，注明取证的时间、地点	证明取证是遵照法律要求，得到了受害人的同意而进行的，确保证据的效力
各种不干胶标签	用于密封装有各种样品的信封、试管以及最外头的包装盒	上面通常印有“证据封条”字样，并由取证人签字、注明日期，确保证据的真实性

如果嫌疑人在现场留下了使用过的安全套，则需要把安全套打一个结，放在瓶子中密封保存。

当上述取证都完成后，所有的标本以及未用到的空信封，都必须放回原来的包装盒中，并由取证人签字密封，冷冻保存（血液、尿液样本除外，必须尽快分析），直到提交警方时方可打开。

此外，医护人员还必须特别留意受害人身上的各种伤痕，并及时拍照固定。因为这些伤痕，很可能就能证明受害人受到了嫌疑人的暴力加害、强制，而如果是咬痕的话还可能做“咬痕—牙模”比对检测，意义相当重大。特别要注意的是，不能把照片放在 Rape Kit 的证据盒中，以免照片上的显影剂污染证据。

性侵犯案件中，精液是最有效的证据，然而并不是所有的案件中都能找到精液或精斑。罪犯如果使用了避孕套并且妥善保管，则很难找到精液。此外，不少强奸犯存在性功能障碍，甚至连勃起都不能，更别谈射精了。如果罪犯酗酒成瘾，或者做过输精管结扎术，在残留物中也很难找到精子。因此，找不到精液或精子并不能说明强奸未发生。

性侵犯案件中，身体或者阴部受伤是常见的，然而若没有受伤，并不能说明侵犯未发生。如前所述，罪犯可能使用了药物使受害者神志不清，或者绑住了受害者的手脚，从而使她们失去了抵抗能力。

当然，上面这么多、这么复杂的内容仅仅是从取证的角度上来谈的。至于是否真正将性行为定性为性侵犯，而不是“自愿行为”，还要根据各国法律的不同，针对不同的案件进行具体的分析。

银针可以测毒吗?

/战士的后裔/

喜剧电影《九品芝麻官》中,周星驰饰演的包大人夜闯停尸间,用银针探毒的方法推断出受害人是死后被人灌下砒霜的结论。虽然电影中包大人最终伸张了正义,不过“银针探毒”真的科学吗?

银针探的不是砒霜,而是硫

砒霜(主要成分为 As_2O_3)是我国古代最常见、最容易获得的毒物之一。砒霜毒性剧烈,一次性大量摄入砒霜引起的急性中毒会出现呕吐、腹泻、出血不止、抽搐等症状,而少量多次摄入引起的慢性中毒多表现为肝、肾损害和皮肤色素改变。

对应砒霜的悠久历史,银针探毒的方法在我国古代断案中也被广为采用,包括《折狱龟鉴》《洗冤集录》在内的多部历史古籍中都有相应的记载。除此以外,银针探毒还是武侠小说和影视作品的最爱。然而,银针探毒真的像书中所记载的那样科学和准确吗?答案是:否。

之所以说银针探毒是不科学、不准确的,还得从砒霜的制法说起。砒霜是砷(As)的氧化物,砷古时候也称作砒。砷在自然界中以硫化砷矿物的形式存在，常见的含砷矿物有斜方铁矿（$FeAs_2$）、雄黄（As_2S_2）、雌黄（As_2S_3）、砷黄铁矿（FeAsS）等。古代炼取砒霜的方法是将矿物研碎，除去大块的杂石，在密闭容器中与木炭一起煅烧，待毒沙升华后，它所凝结成的白色粉末就是砒霜。

由于古代冶炼技术差，工艺粗糙，制成的砒霜中往往含有大量硫化物。硫化物与银反应，生成的黑色硫化银（Ag_2S）附着在银针表面，银针就这样变黑了。也就是说，银针试毒的方法实际上是检测出了砒霜中的含硫杂质而已，并不是检测出砒霜本身。所以，银针探毒在古代的成功应用纯属巧合。

事实上，银是不能与纯净的砒霜发生化学反应的，所以用银针探砒霜不但不科学，更有可能造成冤案。

人死后尸体内部产生大量含硫化合物，大家所熟知的尸臭（主要为硫化氢气体）就是其中之一。这些硫化物大多都能与银反应，生成硫化银。也就是说，即便是正常死亡的尸体，也很容易使银针变成黑色。就连富含硫元素的新鲜鸡蛋，也能使银针变黑，给人以含毒的假象。而且目前常见的毒物（如敌敌畏、毒鼠强、氰化物等）都无法用银针检出。

中毒身亡怎么探？

实际上，中毒死亡的尸体往往符合快速死亡尸体的一般征象。与此同时，尸体还会出现血液呈暗红色、内部器官出血、体表黏膜点状出血等特征。而由于毒物的不同，尸体还会出现一些典型的中毒症状：

中毒原因	主要尸体特征
一氧化碳	尸斑呈樱桃红色
氰化物	尸斑呈鲜红色
亚硝酸盐	尸斑呈灰褐色
硫化氢	尸斑呈污绿色
番木鳖碱、毒鼠强、氟乙酰胺	尸体呈痉挛姿势，类似破伤风
腐蚀性毒物	口周、消化道或呼吸道有被腐蚀痕迹
有机磷农药	尸体有大蒜味和针尖样瞳孔改变
百草枯	肺部出现纤维化

虽然这些典型特征确实存在，但并非每一具中毒死亡的尸体都会出现这些改变，也并不容易辨认。所以，案件中的每一具尸体通常都必须取材进行毒化检测，特别是那些被怀疑是因中毒而死亡的尸体，更应当进行系统的毒物筛查。

在毒化检测中，常用的取材部位有胃内容物、血液、尿液、肝脏、肾脏和脑。其中血液最为重要，可以用于毒物的定量检测。而由于不同的毒物在人体内的作用部位和蓄积部位不同，取材部位通常是由可疑毒物的毒理性质决定的。

中毒的尸体现象仅仅能给我们一个大致判断的方向，并不能作为决定性证据。只有在对不同器官组织和血液中的毒物进行定性、定量检测，并拿到高于致死血液浓度的数据后，才可以得出“毒杀”的最终结论。

心脏起搏器可以远程杀人?

/馒头老妖/

在美剧《国土安全》(*Homeland*)中,主角布洛迪(Brody)把副总统心脏起搏器的序列号告诉恐怖分子纳齐尔(Nazir),直接导致副总统的起搏器错误工作,杀人于无形。这种方法真的是可能的吗?病人最贴近的保护神,会不会突然变成被遥控的定时炸弹?从原理上讲,这也许并不是天马行空的艺术想象。

心脏起搏器:帮助心脏按频率跳动

心脏起搏器(artificial cardiac pacemaker)是一种医疗器械,被用于心脏疾病的治疗。确切地说,通常是用于那些罹患慢速心律失常的患者的治疗,比如病态窦房结综合征、高度房室传导阻滞、房颤伴 R-R 长间歇等。在发病时,患者的心跳会突然减慢,如降低到每分钟 30 跳左右,这将会严重威胁到他们的生命安全。而起搏器的作用,简单来说,就是在此刻短促多次地触发电脉冲刺激心肌,带动心脏按照预先设定的频率跳动,从而达到挽救生命的目的。

1932 年,美国生理学家阿尔伯特·海曼(Albert Hyman)在前人研究的基础上,将一个电子装置装在了自己的身上,并连接一部手摇发电机,从而制造出了第一台有实用价值的心脏起搏器,“心脏起搏器”这个名字也从此沿用至今。当然,这种装置显然太过笨重,只能用于住院治疗的患者。1958 年,美国工程师厄尔·巴克(Earl Bakke)制造出了第一台体积较小、重量较轻、可以随身携带的心脏起搏器,这才让心脏起搏器迅速推广开来。

最初的心脏起搏器都是挂在体外的,通过贴在胸口上的片状电极发挥作用;或是用细小的针状电极植入到皮下,通过电线连接体外的电池盒。这种做法可能为日后的感染留下隐患,因此后续的研究就着眼于延长电池的寿命。现在的科学技术已经能做到让心脏起搏器里的电池正常工作 10 年以上,患者一次手术植入后,能持续享受它的保护很长时间。

随着电子技术的不断进步,如今的心脏起搏器也更加小巧、功能更加强大。它们能够监测患者的心跳情况并记录在案,甚至通过特定的传感器,将这些数据通过网络发送给医生;这些数据可以为医生针对不同患者的情况调整治疗方案,更好地实现个性化治疗;也会根据患者的心跳情况,在预设的治疗模式中实时选择,确保电刺激的效果。有了它的保护,心律失常患者就敢于在白天从事户外活动,在夜晚安然入睡,而不用随时提心吊胆自己什么时候发病了。在 1992—2002 年这十年中,美国就有 260 万台以上的心脏起搏器和心脏除颤器被植入患者体内。

隐藏的危险

然而，任何技术的进步都会带来新的问题，心脏起搏器也不例外。一般认为，高强度的电磁场，对于佩戴植入式心脏起搏器的患者而言是不安全的。大到有核磁共振(NMR)的房间，小到家用电磁炉，都可能干扰到起搏器的正常工作，给患者的健康带来危险。这些算是明枪易躲，而随着无线射频技术的发展，另一种风险也在悄悄袭来，那便是暗箭难防。

2012 年 5 月，美国国土安全部(Department of Homeland Security)发表的一份报告，援引了麻省大学的一项研究，对心脏除颤器(ICD)、起搏器等植入式治疗设备(IMD)的使用提出了预警。

这方面的研究中，特别值得一提的是 2011 年 8 月在拉斯维加斯举行的一次“黑帽”研讨会(Black Hat Conference，或称黑客研讨会)。在这次会议上，来自 McAfee 公司的安全工程师杰伊·拉德克里夫(Jay Radcliffe)通过无线设备和自己的笔记本电脑，成功地遥控了 46 米外的一台自动注射泵。如果某个糖尿病患者正佩戴着这台注射泵，操纵者就可以命令它频繁、大剂量地向佩戴者体内注入胰岛素，使他因为血糖太低而昏迷乃至死亡。

实际上，这台价值 6000 美元的注射泵属于杰伊自己。作为一个糖尿病人，他已经佩戴注射泵达 11 年之久，这让他感到不寒而栗。“你掌握了设备的控制权，就等于掌握了你身体里的化学物质的控制权。”

哈佛大学医学院的威廉姆·梅塞尔(William H. Maisel)教授等人公布的一项结果中,对ICD的安全性进行了评估。

他们发现,在几米远的距离上,通过一台未经制造商授权的设备及软件,就可以对一台ICD进行控制。比如,他们可以检测到一个从设备几米外经过的病人是否带有ICD,可以读出它的序列号,甚至读取它其中储存的患者心跳数据;更可怕的是,还能改变仪器的设置,命令其放电或停止放电。倘若这是一台正在患者身体里工作的植入式治疗设备,其结果可想而知,甚至进行文中开头提到的那样隐秘的暗杀,也不是不可能的。而心脏起搏器的工作原理与ICD并无本质差别,上述研究恐怕对于起搏器也是一个巨大的预警。

该研究中使用的ICD,与外部控制器之间使用的是175kHz频率的通讯,作用距离较短;但新型的ICD等设备,普遍兼容175kHz和402～405MHz的植入医疗设备通讯频率(MICS),后者的通讯距离则要长得多。这样,患者家中的传感器可以方便地与之通讯,及时把数据传给医生,但也为心怀叵测的入侵者提供了更便利的条件。(但像剧中那样真正从一个不知道在哪里的电脑直接遥控,应该还需要一个实时连接到互联网上的起搏器。)

有进攻,就有防守

那么,面临这样恐怖的风险,是不是就无法应对了呢?答案显然也是否定的,我们能够做的防御手段还是相当多的。

首先，低安全系数的设备来自制造商的安全意识缺乏。实际上，上述用于试验的设备，普遍都没有任何信息安全措施，连最简单的信号加密和口令问答都没有，才让黑客们如入无人之境。而现在的射频技术，信息往往都是加密传输的，在技术上实现安全控制并无困难。这样，即便入侵者成功地与 IMD 进行了通讯，其发出的指令信号也会因为对不上"暗号"而被系统拒绝，无法肆意妄为。

同时，可以对 IMD 设备预先固化一部分安全程序，对于极端的指令拒绝执行。比如，在胰岛素自动注射泵中，就可以加入一项安全检查指令，当短时间内累计注射的胰岛素达到一定剂量，或者是单次注射的剂量超过安全范围，就自动停止注射，这也能够让黑客们的目标难以实现。

实际上，从硬件层面增加安全性，也是一个相当好的方法。例如，一个简单的按钮开关，就可以挡住那些非法读取 IMD 数据、篡改 IMD 设置的企图，既经济又可靠。

另外，还可以采用一些主动防御的手段。在梅塞尔教授的研究中，他们就尝试制造了一个简单的防御装置。这个被称为"无线识别和感知平台"（WISP）的装置其实很寒酸，但效果却非常好。研究人员将其包裹在牛肉之中，然后用之前入侵 ICD 的实验装置靠近牛肉，结果 WISP 成功地识别出了这些连续的射频通讯信号并蜂鸣报警。如果这样的系统挂在植入了心脏起搏器的患者的脖子上或口袋里，当附近存在有意或无意的射频通信信号时，它就能提醒患者及时躲开相关区域,让那些不怀好意的人无计可施。

而由美国普度大学、普林斯顿大学的联合研究小组研发的防御装置,可能要更复杂一些。这个叫做 MedMon(医学监控)的装置可以对周围的无线射频信号进行多层次的分析,如果判断有可能会危害 IMD 的信号存在,就会及时报警。这个和 WISP 一样,都可谓釜底抽薪的方案。

另外,对于那些心脏状况不是非常非常差的患者来说,在起搏器遭到攻击后,如果及时抢救,并且迅速断开被破坏的起搏器,安装临时起搏器的话,应该还是有很大机会得救的。

实际上,高科技在带来更便利的生活时,也总会给犯罪分子提供新的可乘之机,这本身没有什么奇怪的。而立法者、执法者及其技术盟友们要做的,就是用高科技手段来堵塞这些漏洞,保护民众的安全。公安大学著名教授王大伟警官曾总结道,"人防、物防、技术防,还得加上心防",也就是说,无论技术多么先进,归根到底还是需要加强人们的防范意识才有用。

暗中抛尸的难度

/三思 echo 娘/

在众多杀人手法之中,极有挑战性的一种就是碎尸。不仅现场的冲击力巨大,还给法医增添了难度。至于那些高智商罪犯们抛尸的方式,则有点匪夷所思了——扔到马桶里冲进下水道?听起来好像还不错,直观来看,马桶的后面似乎是无尽的深渊,不会有人发现。

其实你要是对下水道系统稍有了解的话,就会知道,马桶根本不是某种神秘空间的入口,丢进去的东西也不会无缘无故消失。下水道系统虽然复杂,也是有迹可循的。

建筑物类型有很多种,这里选择几种较为普遍的类型进行分析。同时,这些分析也仅限在现代都市里进行的犯罪行为,那种在荒无人烟的野外暂不考虑。

漫长水管,障碍不断

由于不同类型建筑的排水设计不太相同,我们先来考虑简单一点的情况,就是抛尸的位置位于地平面以上(非地下室)。

住宅、公用洗手间或酒店客房的卫生间,一般来说有以下几个排水点:地漏(下接管道直径通常为40或50毫米)、洗手盆下水(一个单盆的下水为32毫米,双盆为40毫米)、浴缸下水(通常为50毫米或65毫米)、淋浴下水(通常为50毫米或65毫米)以及马桶下水(100毫米)。

这么一看,最宽处也只有100毫米,也就是说任何大于100×100×100立方毫米的物体都冲不进去。而且因为马桶内部管道并不是直的,而是有弯头的,所以实际上需要冲进去的物体不能大于50×50×50立方毫米,也就比高尔夫球稍微大一点。想想一个正常人体,再想想高尔夫球……现在你感觉到难度了吗?

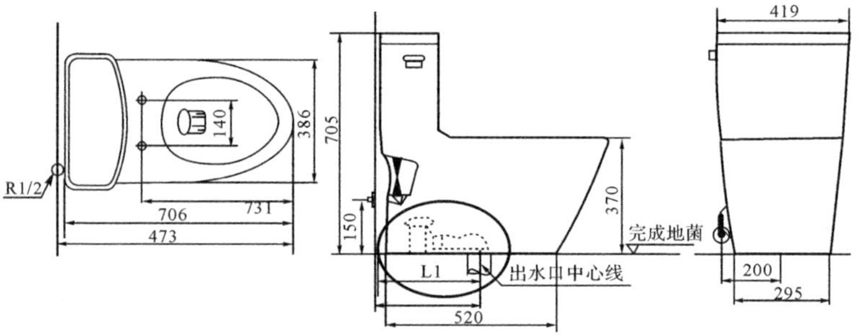

马桶内部的管道结构(单位:毫米)

就算碎块们顺利地通过马通排入了下水系统,那么它们面对的将是排水横管以及立管的管道系统。

首先,我们可以看到,排水立管是较长的(从五楼一直到一楼)。为了保证管道不被堵塞,一般每隔两层或三层便会在立管上开一个检修孔。

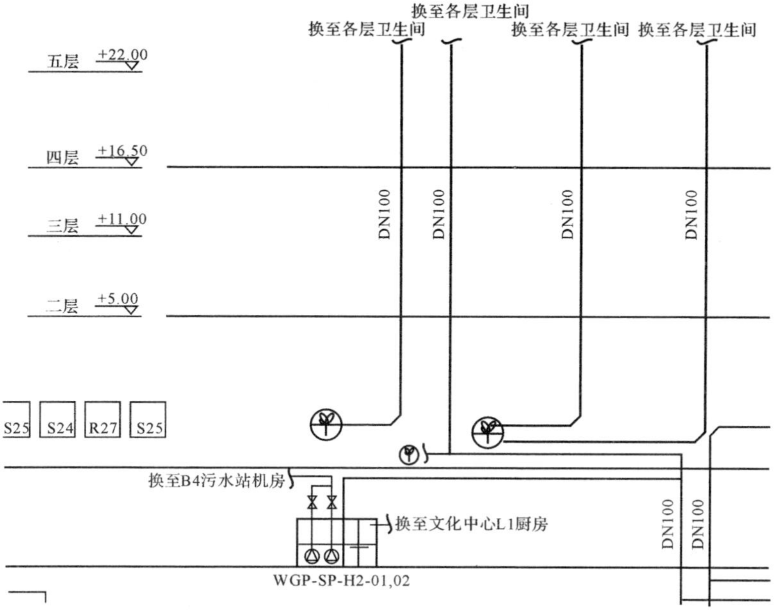

五层楼加四层地下室的建筑物的排水系统图(局部)

一般来说,下水管被堵的概率还是挺大的,特别是商业建筑。人们喜欢什么都往马桶里扔,可能有些建筑需要一个月清堵好几次。所以就算投进去的碎块足够小,也不能保证别的用户就不乱扔大团纸巾或梳子、镜子之类的东西。这样,只要顺着管道挨个排查,就不难发现其他的蛛丝马迹了。

那么,假设碎块们顺利地通过了下水管道,接下来就万无一失了吗?

对于老城区来说,如果是商业建筑,还会有自设污水处理设施(和市政污水处理的原理类似,只是规模大小有差别)。所以,当碎块们通过排水管道系统来到污水处理房时，它们会首先面对专门用来清理污水中的固体垃圾的粗/细两套格栅。

正常情况下大部分的碎块便止步于此了，被格栅格出来的垃圾会被打包，然后扔进垃圾压缩机进行压缩。请注意，这一系列动作均是由工作人员手工完成。在老城区，碎片从冲入下水道到被格栅格出来再到有人员来清理，可能也就 1～2 小时，还不排除有人员会进行例行清理。

而一般新城区的建筑，排水管就直接在地平面以下埋设出户了。出户后，在接驳到市政排水管之前，会先设一个窨井，方便相关部门抽查排水水质。也就是说，这个井是会例行被打开的，恶臭的尸块很难不被发现。此外，每个转弯处都会设一个窨井，并且在超过 120 米的直段也会加窨井。当然，它们都会被例行打开。

就算碎块们成功地经过无数的井和管段，它们最终会来到市政污水处理厂，在那里它们的命运就和老城区基本相同了。此后，更小的悬浮物则会随着污水一块进入沉淀池进行沉淀。

所以说，看似完美无缺的下水道抛尸，很容易因为管道被堵而在很短的时间内被发现。可能你还没来得及把家里的痕迹打扫干净，警察就已经来敲门了。

地下室抛尸？

讨论完了非地下室的情况，那地下室呢？要在地下室杀人分尸，那可不是一般的动静了。而且这种动静基本上是在为警方减轻工作量。一般来说,排水系统是重力系统,但是位于地面以下的排水,就只能依靠潜水泵了。在低于卫生间(或/和有排水需要的地方)会设一个井,将所有的污水(包括里面的杂质)先依靠重力汇集在此井内,再然后在井内设两台潜水泵将污水提升出去。如果有异物进入水泵,水泵便会被迫停止运转,然后报警,再然后就有物业管理的人来查看了。也就是说,杀手辛辛苦苦地分完尸,可能10分钟左右就会有人报警了。

当然,水泵是有叶轮的,叶轮之间是有空隙的。理论上,如果异物的体积足够小,是有可能通过叶轮而被水泵提升出去的。不过,这种用于提升污水的潜水泵,其叶轮的通过直径是6毫米左右。也就是说,一个60公斤的人要切成6毫米见方的碎块,会有差不多 6×10^{7} 那么多块。

现代的痕迹学已经非常发达了,前面也有关于碎尸的处理办法。对于下水道来说,由于分尸后的碎片会经过相当长的管道系统,所以一定会留下大量的痕迹可寻,这些都是强有力的物证。

如果你是一位推理小说家,想写分尸后抛入下水道的真实情节,那就困难了,细节需要考虑得极周到才行。要是不想立刻被抓到,还是换一个方案吧。

来去自由的神话

/三思 echo 娘/

好莱坞间谍类电影一直很喜欢使用一个看起来是通天入地、无所不能的系统:通风系统。这是个如同任意门一般的强大系统,不管特工先生的起点在哪里,他总是有办法从天花板上找到风管,并且总是能够爬到任何他想去的地方。比如悄悄租下反派下榻酒店隔壁的房间,再顺着通风管悄悄爬到隔壁;或者被关在某个房间内,利用通风管逃出生天……

这种情节会让一名专业的机电工程师尴尬又痛苦,编剧们太小看这个行业的专业程度了啊。一般的酒店里不可能有可以通往任何一个房间的通风管道。酒店内的风管系统相当复杂,绝不是随便爬两下就能管用的。

酒店客房,显然没戏

不同的建筑类型可能会采用不同的通风系统。就算是同一类型同一大小的建筑,也可能采用不同的系统。这些系统之中,有一些可能会配备在尺寸上适合人类爬行的风管,有一些则完全没有通行的可能性。

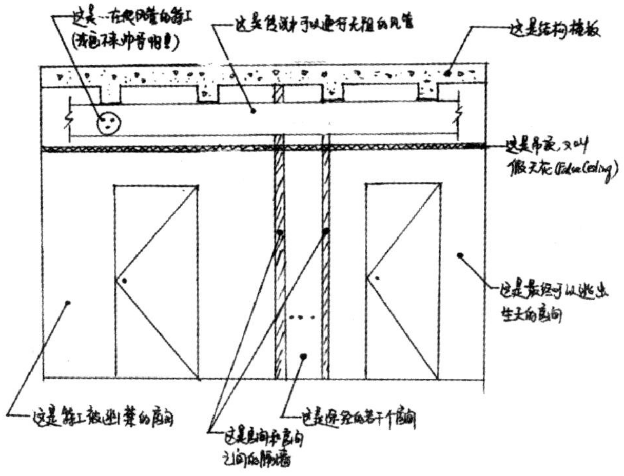

想象中的通过通风管道到达某个设定的房间的示意图

一般住宅不会配备中央空调，而厂房也根本没有吊顶，所以特工片中经常出现的建筑类型就只剩酒店和办公楼了。由于酒店(5星级玻璃幕墙城市酒店)的设计比较典型，所以我们以酒店为例，来讨论一下特工到底有没有机会利用神奇的通风管？

假设万恶的罪犯把特工反锁在101层的某个客房内，这个客房的通风系统是怎么样的呢？

一般来说，酒店的客房吊顶内设置的通风管道有如下几种：

1. 普通的送风管道

就像一般的壁挂的分体机一样，酒店客房制冷也会使用一部机器(专业术语叫风机盘管，英文是FCU)，只不过是暗装在吊顶里面。这种风管的尺寸一般在1000毫米×150毫米左右，完全无法爬,而且一爬就会碰到风机盘管,显然无法利用。

2. 新风管道

这种管道主要是为酒店住客们提供新鲜的室外空气,这种管道的大小是按室内人数来定的。根据美国通风制冷采暖协会(ASHRE)的标准,每人每秒需要 8 升的新鲜空气。就算按每人每秒 16 升计算,一间客房住 2 个人,这个新风管道的尺寸也仅仅约是 320 毫米×200 毫米。很显然,这也爬不过去。

3. 排风管道

酒店客房的卫生间里都会有排风,一来排风可以去除卫生间异味,二来可以保证房间内的空气压力和房间外的保持均衡。通常,排风量是新风量的 80%,这样自然排风管比新风管还要小了。

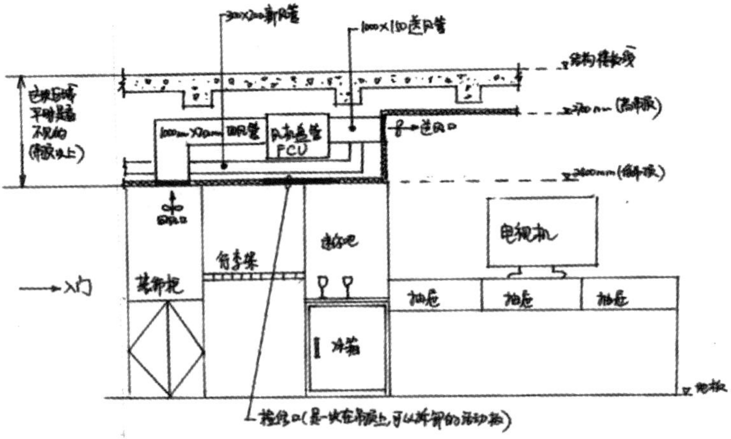

一个典型的酒店客房门廊剖面示意图(图片为作者原创)

此外，如何进入风管也是个问题，在不破坏天花板的情况下，一般只能通过检修口或拆开送风口爬上吊顶。

对酒店客房来说，只有风机盘管下方、风管阀门下方、排水管道下方才需要设检修口。所以除非特工随身携带切割风管铁皮的工具，不然进去绝无可能。

那送风口呢？看看下面这种条型风口（1200 毫米×200 毫米）和传统的风口（400 毫米×400 毫米），还爬得进去吗？

方形风口

条形风口(宽度约200毫米)

两种较为常见的风口

风管足够大？那也爬不成

相比客房，对面积大一些的房间来说，相应的风管的尺寸也会很大。以一个 1000 平方米的宴会厅为例，800 毫米×600 毫米的风管还是比较常见的。这样尺寸的管道，只要不是超级大胖子，基本上正常人都可以通行。

但是，问题还是有不少。首先，宴会厅和客房不同，基本上没有检修口。所以要想进去，必须要破坏吊顶，对于特工来说，这动静有点略大。

其次,连接每个风口的风管,尺寸都是相当小的,一般在 300 毫米×250 毫米左右。特工即使能进入风口,也进入不了相连的风管。

除了像宴会厅这种大型风管以外,酒店新风系统的总管(也就是负责给各楼层输送空气的竖直管道)尺寸也许可以帮助特工从管井检修间悄悄爬到顶层?很不幸,这也很难,我们以一个真实的酒店通风系统来说,该酒店 31 层至 59 层为客房层,共计 508 间客房。立管尺寸是渐变的,由 300 毫米×200 毫米变为 200 毫米×150 毫米。所以,特工就算能挤进最初的风管(事实上,成年人可通行的管道最小也应该有 600 毫米×600 毫米),也会越爬越窄,直到被卡住。

写字楼的通风系统没有酒店这么统一,在一些设计中,也确实会出现可以让成年人通过、同时还相对比较"方便"的风管。

一个典型的方形的高层玻璃幕墙写字楼,如果没有安装电动排烟窗,就会安装防排烟系统。500 平方米左右的房间需要的排烟管道约为 600 毫米×1500 毫米,完全可以让特工通过,不过要是房间小于 200 平方米,那还是算了吧。

不过就算这样,也能帮助特工完成隐秘任务吗?

著名的《流言终结者》已经帮助我们做出了解答,在 2006 年 EP54《银幕神偷秘籍》(*Crimes and Myth-Demeanors*)中,两位主持人分别使用真空吸盘和强力磁铁试图不出声响地通过风管,可结果呢?如果特工运气够好,没有在半路掉下去摔死的话,他们弄出的巨大声响也早就导致自己被乱枪扫死了。

特工先生，您真不容易

除了上面的问题，风管中的特工先生还需要面临一系列的问题，比如风管内部并不是空空荡荡、畅通无阻的。这视他要爬的是何种风管而定，他很有可能会遇到一系列的风阀，有时还有消声器。所以要记得带一些老虎钳啊、锤子之类的工具才能畅通无阻。

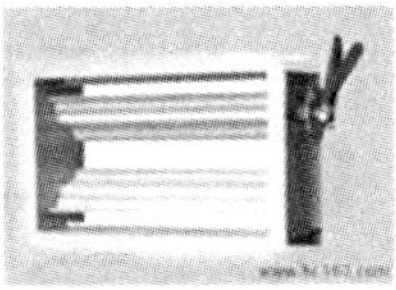

多叶调节阀，用来调节风量

排烟防火阀

风管消音器

风管中的常见“障碍”

风管一般是用薄的镀锌铁皮做的。宽度超过 1 米的风管，其铁皮的厚度仅为 1 毫米。如果一个体重 75 公斤的人完全匍匐前进，按占地面积 0.5 平方米算，那铁皮需要承受的压强为 1500 帕。这么大的压强，风管的铁皮和支架很可能支撑不住，爬到一半就掉下去了。

另外，我们在电影中经常会看到特工手拿一张建筑结构图随便看几眼就能瞬间规划并记住自己的行动路线，这难度也非常高。就算只是建筑专业的图纸，对于一个建筑面积在 50000 平方米左右的酒店而言，动辄也有数百张，而且单张图纸尺寸至少在 841 毫米×594毫米。如果要说到空调通风专业的图纸，200～300张也很常见。在数百张图纸中要迅速找到符合自己需要的图纸，不是专业工程师恐怕多半做不到，所以这位特工最好有一位空调工程师在背后支援比较好。

为了不破灭电影里特工先生英勇而无所不能的形象，如果一定要设定特工通过通风管道大显神通的情节，各位电影编剧、小说作者们请务必注意以下几点。

- 特工的目标或起点不能选在酒店客房内。要选择大型房间，面积最好在200平方米以上。
- 特工必须通过某个机会能看到通风系统的图纸，了解一下主风管的走向。也应了解一下机房的位置和各个空调机组服务的区域，最好是去进修一下暖通专业。
- 被关在大型房间内的特工，永远也不要期望能通过通风系统到达客房层，也不能期望能到达较小的房间。
- 特工务必随身携带老虎钳、锤子之类的工具。
- 特工最好是身材瘦削、体重较轻的类型。

其实，空调通风系统是个非常复杂的系统，并不是这里短短几千字就能说清楚的。我们在电影电视里感受一下英雄们的超能力就好了，别幻想现实中真能这么自由自在。

电梯八大保护系统

/famorby/

电影《盗梦空间》中的一个经典桥段是众人在深层梦境里陷入了失重状态，亚瑟急中生智，将大家放进电梯再炸断钢缆，爆炸的冲击力使电梯撞向井道一端，用撞击令电梯中的人从梦中醒来。而 2011 年 6 月，上海的一名电梯工人在维修电梯的过程中不幸坠入电梯井中身亡，难道这也是因为钢缆断裂？如果真的有疯狂的恐怖分子炸断了钢缆，电梯真的会直冲井道底部吗？

电梯惊魂，只是惊魂而已

电梯一向是编剧们的最爱，不是动作片里的英雄在台阶电梯上飞身缉凶，就是恐怖片里的亡魂在轿厢电梯里故弄玄虚。很多电影的惊险桥段都在轿厢电梯中发生，害得许多人坐电梯时惴惴不安，总担心危险会真的发生。其实，现代电梯并不仅仅是一个由钢缆曳引的金属小室，在轿厢外面那些你看不见的地方，会加装各种附件以提升安全性能。

在《生死时速》(*Speed*)影片开头部分，反派佩恩(Payne)在电梯机组中安装了炸药，欲借此挟持人质。当他按下炸弹遥控按钮时，只见三条钢缆被炸断，失去牵引的轿厢从所在的40层开始坠落，电梯内传出惊惧的尖叫。这时特写镜头推向了轿厢的外壁，两个机械部件迅速夹紧了导轨以阻遏轿厢下落的势头，安全钳与导轨摩擦溅出无数火星，轿厢也终于在30层停了下来。即使在炸弹狂人的魔爪下，电梯君也能确保乘客们不飞跌直下三千尺，这不是电影在夸张，现实情况就是如此。

电梯的七大安全保护系统

随着科技的进步，电梯也在进化。人们针对轿厢电梯可能发生的挤压、撞击、剪切、坠落、电击等潜在危险，设计出了七大保护系统。

1.超失速安全保护系统

生活中的电梯也和电影中一样，有三条钢缆固定在滑轮上，由电机带动的滑轮会带动钢索运动，控制轿厢上下移动。

这三条钢索的断裂几率很小，而且即使钢缆全被犯罪分子炸断，电梯也不会自由落体砸向地面——超失速安全保护系统会保障电梯的安全。

该系统由限速器与安全钳联动保护装置、上行超速保护装置构成。当电梯发生超速、失速、坠落等事故时，若电气触点动作不能使电梯停止，则速度达到一定值（如额定速度的115%）后，限速器机械动作，并触发安全钳夹住导轨，将轿厢制停。

下图就是一个限速器的典型结构，当转动速度过快时，离心力会使飞臂向外运动,拉住缸体周围的棘齿,让滑轮停止运动。这时,调节绳的自我锁定状态会激活控制杆连接装置,触发安全钳,令轿厢停止。

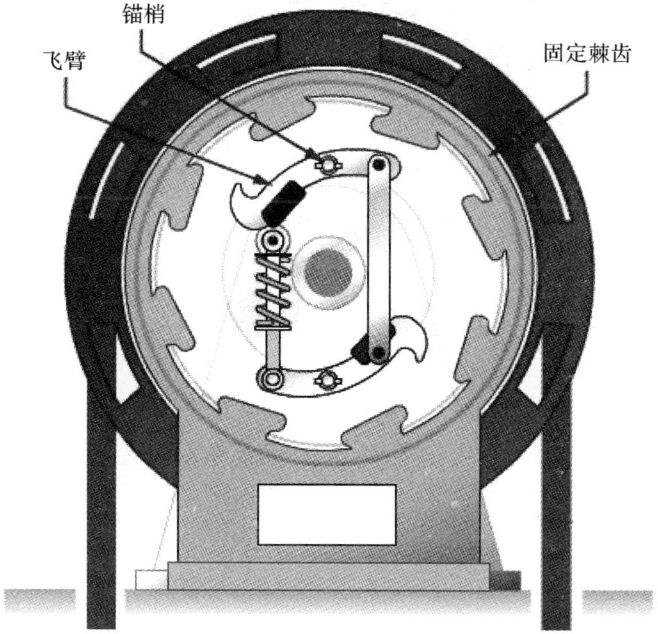

电梯限速器,可以在电梯失速时停止

2.终端越位安全保护系统

如果限速器与安全钳也失效了怎么办?电梯会一掉到底?不用慌,还有补救措施,这就是避免电梯冲顶或墩底的终端越位安全保护系统。它设在井道内上下端站附近,由减速开关、强迫换速开关、限位开关、极限开关和缓冲装置组成。

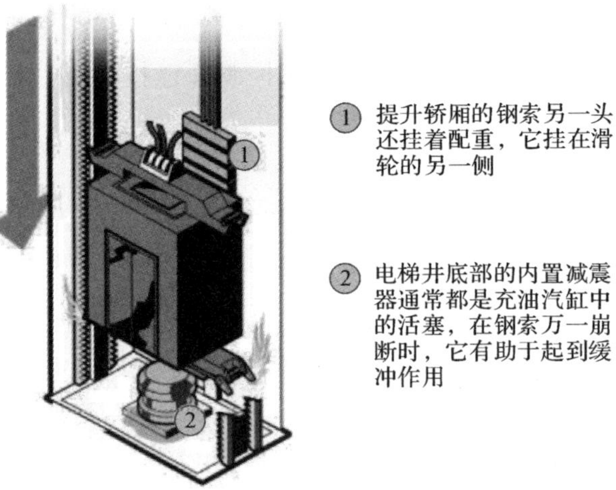

在井道上下端站附近的缓冲器会吸收下落电梯的动能

当电梯冲向井底时，轿厢就会碰到限位开关，制停指令使电梯不能继续运行。如果运行仍未停止，极限开关则会启动，切断主电路，停止驱动主机运转(如果它还在转的话)。而缓冲装置就是安置在井道两端的液压或弹簧缓冲器，可以吸收故障电梯的动能，减轻人员伤害。

3. 紧急停止安全保护系统

除了上面的被动停止措施外，电梯还拥有主动停止的功能。当发生紧急情况时，必须立即就近控制电梯，紧急停止安全保护系统就发挥作用了。这种急停开关就是我们常见的那个红色停止按钮，当按下按钮时，电梯就会立刻停止运行，以供检修。

在火灾发生时，电梯的消防按钮还拥有“立刻返回基站”的功能，帮助消防人员快速疏散困在电梯中的乘客。

4. 非正常停止安全保护系统

当停电、故障等原因造成电梯突然停驶，将乘客困在轿厢内时，非正常停止安全保护系统就该发挥作用了。具有停电平层功能的电梯可以通过使用应急电源，让轿厢停止在最近的楼层，以解救被困人员。

此外，电梯还设有由应急电源供电的应急照明和紧急报警装置，被困人员可以使用电梯里的通讯装置求救。救援人员会手动将电梯就近平层，再用三角钥匙打开电梯门，将被困人员从轿厢中救出。

5. 层轿门安全保护系统

进出电梯时容易发生“被门挤了”的事故？电梯君也有相应的防范措施。电梯层轿门安全保护系统主要由门防夹安全保护、门锁、自动关闭层门装置、门联锁安全保护等组成。

门防夹安全保护：通常是接触式或光电式，若检测到关门区域有障碍物，门就会重新打开，避免挤压事故发生。

门联锁安全保护：只有当层门和轿厢门关闭后，电梯才能启动运行。而当所有层的门都关闭时，电梯才可以升降，避免开层门检修时电梯运行造成事故或人员不慎掉入井道。

6. 超载安全保护系统

电梯超载运行很危险，一般在轿底或曳引钢丝绳端接处安装轿厢称重装置。超载时，会向控制系统发出超载信号，阻止电梯运行，同时发出那令人尴尬的蜂鸣声。

7. 防机械损伤安全与电气安全保护系统

为了防止意外的机械损坏，上文中提到的限速器等安全装置附近都应该设有警示标志与护栏。而电梯各个安全保护系统的电气安全保护开关会串联在一起，构成安全保护电路。只要有一个开关动作，安全保护电路就处于断路状态，电梯停止运行，确保安全。

电梯做好了，我们还要做什么呢？

除了上面复杂的安全措施外，质监局还规定：电梯每 15 日就需要进行一次维护保养，每年都需要进行安全检查，才可投入运营，以确保电梯的安全。

看了这么多，放心了吧？电梯是十分安全的。所以，如果电梯突然停止，千万不要试图把门扒开，也不要像电影里那样，从顶上翻出去。老老实实待在电梯里，用电话求救，自然会有救援人员来帮助你的。而当电梯处于维修状态，层门大开时，也不要向里面探头，以防高空坠落。

《盗梦空间》里亚瑟一开始就炸掉了安全钳，然后才炸掉钢缆，看来编剧还是仔细研究过电梯的，试图描绘一场专业的电梯惊魂。而上海那位电梯工坠落的原因肯定不是钢缆断裂，至于他杀与否，还需要根据伤口特征以及监控录像等信息才可以最终判断。

能闻出光碟的好帮手

/苏木七/

人死后散发出的气味和哪种动物最接近？猪？牛？羊？正确的答案或许是鸡！我们并不是在讨论秃鹫们的饕餮大餐，而是嗅探犬的鼻子——用什么动物来模仿人体残骸进行嗅探犬的训练。

各显神通的嗅探犬

凭借着大鼻子和数以亿计的嗅觉细胞，嗅探犬在不少领域都大展身手，闻毒品、寻炸弹、找罪犯（他们还能闻出藏起来的光碟）、当医生。为了让它们各尽其责，嗅出各种稀奇古怪的玩意，训练自然少不了——让狗狗只对目标气味起反应，忽略其他各种背景气味。对于炸弹和毒品，要找到训练样品十分容易，甚至给“医生”嗅探犬找训练样品也不困难，病人的血液、尿液、癌变组织都可作为样品，训练狗对样品中的特殊气味更敏感。但给尸体嗅探犬找训练样品，可就要花点心思了。

拿什么训练尸体嗅探犬？

尸体嗅探犬，顾名思义，专门找寻人体尸骨（human remains

detection,以下简称 HRD)。罪犯可能在郊外找个隐秘处掩埋受害者的尸体,此时 HRD 嗅探犬就该出场了,不仅可凭借它们敏锐的嗅觉在偌大荒野中定位藏尸点,比起掘地三尺的盲目搜索,还能最大程度地保护现场不被破坏。除了打击犯罪,HRD 嗅探犬还能在水下寻找溺水者的尸体,另外,它们对考古学也帮助颇多。

然而,拿什么样品来训练 HRD 嗅探犬呢? 一直用人的尸体显然不太现实,除了不易获取和储存,还可能违法。于是人们想了各种替代办法。

• 一种方法是使用和尸体/残骸接触过的衣物或土壤,但尸体散发的物质和腐烂程度有关,即使同一具尸体,不同部分的腐烂程度也不一样,散发的物质不同。许多时候,人们没法确切知道训练衣物曾经包裹了什么样的尸体或残骸,其腐烂程度如何,以及散发的物质纯度如何。

• 另一种方法是人工合成气味,这种方法好处颇多,例如方便携带,更重要的是不用面对一冰箱的尸骨。对于那些爆炸物嗅探犬,采用合成的气味成分训练它们无疑更安全。但是人们也只能依靠固相微萃取(SPME)气相色谱—质谱(GC/MS)联用技术分析气味成分,至于狗鼻子能识别哪些成分,就不甚了解了,很可能它们能闻到的成分仪器检测不到或者比例不同。

• 还有用其他动物的尸体代替人的尸体,也是不少人采取的训练嗅探犬的方法。

动物模拟人尸

正如各种法医模拟情景，猪是首当其冲的牺牲品。不过，猪尸和人尸的气味有多像呢？这方面的研究屈指可数，规模也不大。如内华达大学雷诺分校的研究者们使用 SPME—GC/MS 技术，研究了一头猪、一头牛、一只鸡的尸体里的气味成分，并且和已知的人尸气味成分做比较。

人尸有 11 中独特的气味，在其他 3 种动物里都未发现。谢天谢地，我们和猪还是有很大区别的！不仅如此，在这 3 种动物里，猪尸的气味和人类最不相似了，人尸的 30 种气味分子中，只有 7 种能在猪尸中找到，猪尸还有 9 种独特的气味在人尸中找不到。

在这 3 种动物里，鸡尸的气味和人类最相似，共享 18 种气味分子。

当然，该研究远非完美，每种动物的数量只有一只，可重复性尚待考证。此外，人味和鸡味是否真的最相似，训练嗅探犬应选择什么动物，或者还是合成气味最合适，最终还得经过狗鼻子的检验，单用仪器数据说话并不能算数。不过，对这项研究结果最沮丧的应该是那些用猪尸来训练嗅探犬的警察了。

怎么断定本·拉登已死?

/Kenny/

2011年5月,美国总统巴拉克·奥巴马向全世界宣布:9·11恐怖袭击的主导者、世界头号恐怖分子本·拉登,已经在巴基斯坦首都伊斯兰堡附近的一个藏身处被美国特种部队击毙。整个行动持续了40分钟,而拉登的尸体也被美军带走。

美军并没有放出拉登尸体的照片,但是根据美国官方的消息,他们所做的一系列识别,完全可以确定,那确是本·拉登无疑。

兵马未动,粮草先行

根据美国中央情报局(CIA)透露的消息,美国方面早在几年前就开始规划这次袭击行动。而在奥巴马决定袭击之前,CIA对于本·拉登是否在藏身处中有60%～80%的把握。

袭击前,美国方面早已做好充分的准备。在美国时间5月2日下午的一次新闻发布会中,美国总统的国土安全和反恐顾问约翰·布伦南(John Brennan)说,美国情报部门在袭击前“早已准备好相关的DNA情报”。此外,由于拉登曾经与CIA进行过合作,所以CIA肯定也拥有一些有关他的身份信息。

而在实际行动时，相信参加行动的每一名海豹突击队员都牢记本·拉登的身高——1.93米，以及他那张瘦骨嶙峋的脸。而据报道，在行动中，正是一位突击队员率先认出了拉登。

长什么样，就是什么样

在将本·拉登的尸体回收后，美国方面立即对其进行了各种生物计量学识别。首先，他们使用了一种被称为“面部识别”(facial recognition)的技术。

每个人都长着一张独特的脸。而所谓面部识别，就是通过对人面部特征(如五官的位置、大小以及形状等)的识别，并根据这些特征与数据库中的信息进行比对，以达到识别的目的。

面部识别的范围可以有照片、录像甚至素描，而目前效果最好的要数密歇根州立大学工程系的“模式识别与图像处理”实验室所开发的一套算法。他们采用的方法称为局部特征识别分析(local feature-based discriminant analysis，LFDA)，这种方法可以同时提取识别目标和数据库中照片的特征，构建矩阵向量，进行差异比较。

根据布伦南的说法，军方在获得本·拉登的尸体后立即对其进行了面部识别，而相似度也达到了95%。只不过他没有透露识别的细节，同时人们也不知道海豹突击队是使用何种方法在袭击现场进行识别的。

实际上，为了防止本·拉登通过整容来改变长相，美国情报机构甚至还曾经模拟过拉登整容后可能出现的模样。

DNA 才是奥巴马的定心丸

95%毕竟不是 100%，替身也可以通过整容让自己的长相和拉登完全一样，骗过面部识别系统。不过有能变的，也有变不了的。作为现代法医学最伟大的技术之一——DNA 识别，才是奥巴马真正的“定心丸”。

两个人具有相同 DNA 的概率仅为一万亿分之一，这还是在特定的鉴定条件下，实际上，两个人具有相同 DNA 的概率远远低于这个数字。而 DNA 几乎能在生物的所有细胞中被发现，所以 DNA 一直是法医们的王牌。

而且，尽管人与人之间基因的差别很小(事实上人和大猩猩之间基因差别也很小，不到 3%)，但还是有许多标记可以将每个个体区分开的，其中一种标记被称为短串联重复序列(short tandem repeat，STR)，也被称作微卫星 DNA(micro satellite DNA)。

STR 广泛存在于人类基因组中，一般由 2～6 个碱基构成一个核心序列，核心序列串联重复排列。对于一个特定的个体，染色体上某个特定位置的重复序列的重复次数是固定的，而对于不同的个体，在同一位置处的重复次数可能不同，这就构成了 STR 的多态性。目前，人类基因组上 13 个 STR 的信息就足以区分不同的个体了。

布伦南说，自 9・11 之后，美国情报机构一直在搜集本・拉登家族的DNA信息。亲缘越接近,STR的契合度就越高。不过拉登并没有同父同母的兄弟姐妹,所以鉴定应该是使用拉登半同胞(同母异父或同父异母)兄弟姐妹的DNA进行的。

根据美国广播电视台(ABC)的报道,在拉登被杀后,FBI立刻前往了位于波士顿的麻省综合医院——拉登的半同胞姐妹几年前在那里因脑癌去世,而她的脑组织样本则是绝佳的DNA鉴定材料。布伦南并没有透露美国政府具体使用了多少DNA样本,但美国方面宣称,鉴定的准确率已经达到了99.9%。

至于为什么不把他的尸体的照片放出来?从心理学上来说,那会引发仇恨,还是不要去激怒他的死忠余党为好。

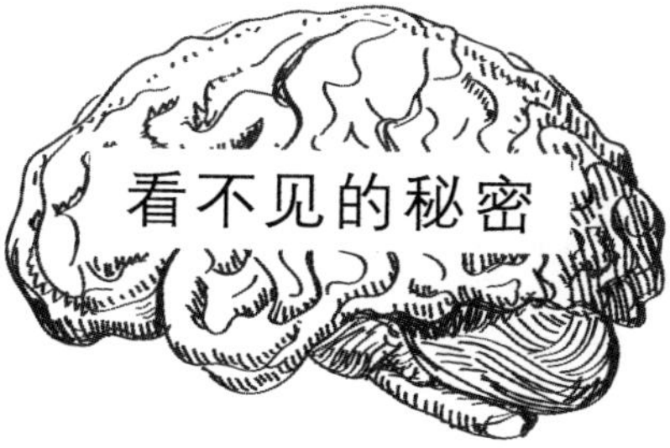
看不见的秘密

心理学

一个人的犯罪模式

/Kenny/

英国哈德斯菲尔德大学(University of Huddersfield)调查心理学研究中心的大卫·坎特(David Canter)教授挺爱跟政客们抬杠的,因为他发明了一套能够将盗窃案破案率提高达10%～20%的计算机系统,但不被采用。其实很早以前,他就用一个现在知名的“地理画像”的方法,帮忙英国警方抓捕了两名连环强奸犯和连环杀人犯。这个方法可以识破地图上的一个个点,从而发现嫌犯的作案规律以及嫌犯是如何利用这些地点的。地理侧写揭露了嫌犯所处的位置,细节处也暴露了他的习惯、人格特点。还有什么测写能预测罪犯的行为吗?

犯罪行为揭示日常生活

如同我们每个人的生活习惯都会或多或少地反映个人特性,在刑事案件中,犯罪人所选取的犯案模式、犯案地点以及与受害人的交流也都可以解释犯罪人的一些性格特征。坎特认为,犯罪行为也是一种特殊的“人际交往”,所以很多犯罪人才会选择自己比较熟悉的受害者。

坎特将可以由犯罪行为推断的犯罪人特征归为以下几类。

• 居住地点：如果让你立刻描绘一副你家周边方圆 5 千米的地图，你会怎么画？相信大部分人都会首先画出自己上班的路线以及平时经常活动的地点（比如超市、饭馆）吧？这被心理学家称为“认知地图”。认知地图可能与实际的地图不同，受主观影响较大。当犯罪人选择作案地点时，他们也会不由自主选择那些自己熟悉的路线和地点，这会让他们有一种“一切尽在掌控”的感觉。

• 犯罪历史：俗话说“不在同一条阴沟里翻船”，那些“栽过”的人通常也会在作案时十分注意。比如一名强奸犯在了解到自己的 DNA 已经在局子里挂过号之后，很可能会在以后的犯案中要求受害者洗澡，以洗去 DNA 证据。

• 社会特征：坎特认为，不同类型的犯罪，很有可能是由不同家庭背景的人实施的。比如当一名强奸犯在犯案时表现得很“幼稚”的时候，他很可能就是一名没有性经验的男性；但如果他要求受害者更换多种体位的话，他就很有可能是一位有着固定性伴侣的人。

• 个人特征：根据坎特的理论，犯罪人在作案时所表现出的性格特征，比如自私、粗心、软弱以及他对受害人的态度等，都可以解释犯罪人的需求与特征。如果一个强奸犯在犯案时与受害者发生了比较多的语言和行为交流，那么他很可能是想要获得一种“正常”的男女关系；而如果他仅仅是进行恐吓、暴力行为的话，那他很可能是想通过暴力来获得性的满足和快感。

多维测量技术

并不是每一个小毛贼都是飞天大盗，犯罪行为也是要分等级的。对于那些犯一次事都要紧张个把月的小毛贼们来说，他们在现场所进行的行为可以被视为这类犯罪的“一般行为”。对于坎特研究的强奸案来说，“一般行为”就是与被害人发生阴道性交或口头威胁。而那些连环强奸犯，他们可能就会有自己的“惯用技法”(M. O.)，比如通过行骗确定受害者等。而在这个金字塔的顶端，就是那些“个性”罪犯，比如《电锯惊魂》里切人皮肤的电锯老头。

坎特认为，如果将每一类案件的所有行为模式按照发生的次数和类型进行统计，就可以确定出哪些是这类案件的共性、哪些具有独特性。

还是以强奸案为例，在对强奸案的一些常见行为进行多维分析后，坎特将结果呈现在了下面的一幅图中。

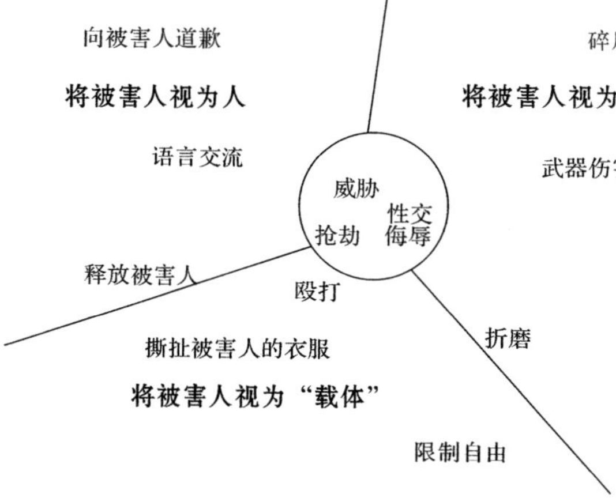

图中最中心的部分也就是一般强奸案的共同特征，而坎特根据不同犯罪类型的特征，将不同的行为模式根据其独特性，由远到近地分布在不同的象限中。

采用这种技术的主要目的，就是想在非常复杂的案件中发现某种条理性。这样当此类案件再次发生时，对于侦查人员来说，就可以更迅速地对犯罪者进行定性，并且根据上面提到的行为学解释来锁定侦查范围。

其实坎特已经将这种技术成功量化，不过可惜的是，在学术界十分有威望的坎特仍然在为了推广他的技术东奔西走。

连环杀手和传染病的相似性

/特斯拉的信徒/

从追捕梁山好汉时张贴于城门口海捕文书中的画影图形，到现代通缉令里的罪犯照片，通过已知信息来推断犯罪嫌疑人的特征自古以来都是缉凶的方法之一。给罪犯画画像被称作“法医素描”，也就是法医艺术家通过目击证人提供的记忆碎片来重构嫌犯的相貌。

不过法医素描也存在一定缺陷：图像信息可信度取决于目击者对罪犯的主观描述和画者的技艺。另外，深谋远虑的罪犯可效法伍子胥，采用整容的方法使警方的画像成为最好的误导。

所以，犯罪心理侧写(criminal profiling)就应运而生了，即通过犯罪本身的特征以及犯罪者在作案过程中的一些行为模式，来分析、推断犯罪者的个人行为特点以及生活、工作环境等。随着电影《沉默的羔羊》以及美剧《犯罪心理》的热播，犯罪心理侧写也逐渐为大众所知。

在犯罪心理侧写中，有一分支是通过利用罪犯的犯罪地点，而不是相貌和行为特征，来预测他的行为模式的。这种方法被称为地理侧写(geographic profiling)，它不仅比法医素描客观，而且不会受到罪犯作案手法的干扰。《数字追凶》(*Numb3rs*)就是一部讲述地理侧写的美剧。

数字追凶

根据犯罪学理论和以前的办案经验，地理画像首先对罪犯的心理做了两个假设：

1. 他不会在离固定活动点(家、工作地点等)很近的地方犯罪，因为这样不仅容易暴露自己，犯罪日标也较少(半径和面积成二次方的关系，半径越大，面积的增加越大)。

2. 离罪犯的固定工作地点越远的地方，他在那里犯罪的可能性越小，因为这样会增加很多交通的不便。

在上面的前提下，对于某一个犯罪现场，罪犯的固定活动地点就是以该现场为圆心的两个同心圆之间。其中小圆内代表假设1所说的不可能犯罪区域，或称之为缓冲区。这个区域里不可能有罪犯的固定活动点。两个圆之间的区域表示这里可能是罪犯的家或者工作地点。大圆之外的区域表示罪犯不可能居住的区域。由于这里与现场距离太远，根据假设2罪犯不可能居住在这些区域。

经过上面的分析，我们可以简单地这样理解地理侧写的基本步骤：以每个犯罪现场的坐标为圆心，画两个同心圆。然后找出有最多圆环相交的区域，即为罪犯最有可能居住的区域。

当然，这只是一个简易的方法，其中把罪犯在环形区域内犯罪概率当作了一个平均分布，而实际的情况是，离家越远，犯罪概率越低。因此,第一个改进方法就是认为环形区域内犯罪概率随半径增加而减小,以犯罪现场为圆心的圆环则被一种草帽型的概率函数取代,它在坐标系的立体图像绘制出来就如下图所示:

草帽型概率函数

除此之外,考虑到同样是80千米的距离,罪犯上高速所耗费的代价显然比在市中心开车要小得多,因此,上面的概率草帽可以进一步优化:由于地形不同,不同方向下概率随半径增加衰减不同。也就是说,代价大的地方概率衰减得更快,每个方向不同,每个犯罪地点的概率草帽也不同,一切都由地形决定。

地理侧写主要应用于满足上述假设的犯罪,比如连环谋杀、抢劫、强奸等。当然除了多次实施以上犯罪外,这种方法也适合于一次犯罪涉及多个地点的案例。比如一起谋杀中罪犯被目击、谋杀、抛尸的地点都不同的情况。

加拿大的警方曾成功用这一方法抓住了在一年之中进行32次抢劫的罪犯。他们在电视上公布了地理侧写的结果，然后侦探根据人们提供的线索成功地在占整个区域中最有可能的5%的区域抓到了罪犯。

不只抓连环杀手

更有意思的是，地理侧写的应用现在已经不仅局限于它的本来的使命——抓连环杀手，传染病学家们正在用它为传染病的源头定位。这种跨领域适用的根本原因在于，传染病的传播也基本遵循上述的两个假设：

1. 离源头越近，传染面积越小，在人群密度恒定的条件下传染者越少。这构成了缓冲区。

2. 离源头越远，和传染源的接触概率越小。

伦敦大学的生物学家史蒂文·柯布（Steven C Le Comber）用地理画像分析了2001—2004年间开罗市内疟疾传播的源头。在开罗，疟疾主要是通过法伦按蚊（*Anopheles pharoensis*）和另一种按蚊（*Anopheles sergentii*）传播的。而这两种按蚊繁殖的地方（本案例中为水井）就对应着地理侧写中犯罪者的犯罪地点。

当然地理侧写也不是无所不能。对于二次传播的传染病（即被感染的病人去感染更多的人），地理侧写就无能为力。对于犯罪领域的应用来说，概率草帽的确定是很头疼的事——每个人的偏好不同，有人宁可在车上堵一点也要去离住处较远的地方犯罪，而有人或许信奉“最危险的地方就是最安全的地方”的准则。这导致概率草帽会根据罪犯的不同而变化。但是在抓住罪犯之前，他的概率草帽又无从得知。另外，一座城市发生几十起抢劫，而这些却不一定是一伙人所为。如果误将其他人的犯罪划入一个人名下，得到的地理侧写结果也会不准。

因此，这种技术更多的是作为一种刑事侦查中的辅助的决策手段。不过，对犯罪行为和犯罪心理的不同模式的预测和研究，给破案带来了新的思路和工具，数据分析正在不同的领域发挥它的特殊作用。

如果天生是罪犯

/艾罗/

当你听到媒体谈论那些以各种猎奇方式杀人、分尸、碎尸的凶手时，是不是很容易觉得“真是个变态！他脑子一定病得不轻！”

对于神经生物学家来说，那些杀人犯的脑子确实跟正常人不太一样。一系列研究表明，某些人之所以踏上犯罪的道路，很可能就是由于他们的大脑构造天生与我们不同。

脑中缺乏感情?

以色列海法大学(University of Haifa)的一个研究小组对21个反社会人格障碍患者(antisocial personality disorder)的脑部进行了扫描。根据梅奥诊所(Mayo Clinic)的定义，这些患者“完全不辨是非，常常粗暴地践踏法律和他人权利”。

成像结果显示，相比完全没有任何精神障碍的对照组，他们脑额叶(frontal lobe)的两个区域都来得更小些：额中回(middle frontal gyrus)容量平均比常人小18%，眼眶额回(orbital frontal gyrus)容量则小了9%。

收录在2009年9月的《普通精神病学文献》(*Archives of*

General Psychiatry)中的另一篇研究，则将27名精神变态者(即反社会人格障碍症状严重的人)和32名非变态者相比较，前者观察到明显的脑杏仁体畸形，另外还显示出大脑皮质较薄，较正常人的体积也要小18%。

宾夕法尼亚大学犯罪学系主任阿德里安·莱恩(Adrian Raine)表示："杏仁体是控制感情的所在，而精神变态者明显缺乏人类的感情——同情心、悔恨感、罪恶感。"要说起来，杏仁体还真是一个神奇的地方，美国爱荷华大学曾研究过一位什么都不怕的女士，她真是不会有任何恐惧感，她的杏仁核同样也曾遭到过破坏。而在现在的研究中，研究者也仅仅知道问题出在杏仁体上，却搞不清楚究竟为何。

3岁看大，7岁看老

除了脑结构异常之外，儿时的行为是否反常也可能是走上犯罪道路的人和正常人群的一大区分点。在莱恩参与的一项长期研究中，她跟踪了两个城镇的1795名儿童，对他们各方面的成长和发展进行观察，从3岁一直观察到23岁。经过统计，其中137人在长大后沦为罪犯。

在研究对象3岁时，他们曾接受了一项称为"恐惧条件反射"的测试，内容是将某种声音和惩罚(例如电刺激)联系起来，之后再通过皮肤测量他们听到这种声音时生理上不自觉的反应。实验表明，那些将来变成罪犯的孩子，很多都缺乏这种恐惧条件反射。此外，研究还表明,许多脑差异是可以在实际犯罪之前就被侦测出来的。

看起来,俗话说的“3 岁看大”似乎被现代科学验证了。但她的研究表明,这些特征可以随着孩子成长而改变。所以如果心理学家在早期鉴定儿童带有风险因子,似乎也为时不晚。

早干预,早介入

如果未来外科技术足够发达了,是否可以让这些有犯罪风险的儿童或成人接受手术呢?考虑到这种强行介入大脑的方式十分粗暴危险,心理学家们在这一点上往往格外犹豫,特别是在对象尚未犯下任何罪行的情况下。

显然,给那些没犯什么错误的小孩开刀并不是什么好办法。而且,实际上人们也并没有必要给大脑直接动手术,完全可以通过社会干预来改变脑功能。对于那些对惩罚与痛苦没有感觉的孩子们来说,对好的行为进行正面强化似乎对他们很有效。

此外,莱恩和同事还认为,儿童摄入 omega-3 脂肪酸(就是俗称的鱼油)后,可以帮助脑细胞充分长大,增加神经元轴突体积,调节脑细胞功能。目前,莱恩的小组正在就这个问题展开研究。

龙勃罗梭的现代版困境

比起在颅骨上开个洞,给小孩子服用鱼肝油确实听起来要舒服得多。然而就算方式改变了,这种将他人鉴定为潜在犯罪者,然后再进行干涉的行为本身是否站得住脚呢?我们真的能够仅仅通过扫描大脑就预言一个人将在监狱中度过余生吗？

当然不行。因为我们缺乏大量的样本，甚至对于“犯罪”的定义也不甚清晰。当我们把脑科学的知识应用到侦缉工作、学校教育、假释裁决、求职者遴选和法庭上时，需要格外谨慎。

说到对犯罪人类学的研究，就不得不提龙勃罗梭(Lombroso)，这位 19 世纪的意大利医生。此人是“罪犯天生论”的先驱，坚信可以从外貌上辨别存在犯罪倾向的人，脑袋不对称、表面残缺或大小异常都可以作为鉴定潜在犯罪者的根据。龙勃罗梭是犯罪心理画像的始祖，但是他的理论实在是过于偏激，以至于从 20 世纪早期美国优生法(对智力残疾者、屡次犯罪者实施强制绝育手术)的制定到希特勒关于犹太人、吉卜赛人等“劣等民族"易于犯罪的谬论，无不受到他的影响。

龙勃罗梭的研究提醒了我们，对于把犯罪和脑相联系的过度狂热可能是那么危险。他以为自己是在用那个时代最先进的技术来解开犯罪之谜，但从今天的眼光来看，那时的科学方法未免太简单、太粗暴了，远远不够承担他想要的分量。

现在的技术要优越多了。我们能够对大脑进行实时观察，对脑的工作机制有更深的了解，甚至清楚脑的紊乱如何反射在器官的生理上。但除此之外，我们的知识实在还是有限得很，把神经科学搬上法庭为时尚早。

给他人贴上“犯罪脑”的标签一定要慎之又慎——这就是龙勃罗梭和他的“天生犯罪人理论”给我们的警示。

用画笔寻找记忆的碎片

/苏木七/

我们常在通缉令上或者罪案新闻里看到一张犯罪分子的照片,不过,这些照片通常不是罪犯的原本面貌,而是根据受害者或目击者的描述重构出来的面部素描。这些素描被用来和警察局档案中的疑犯照片库做比较,或者发布出去,引发公众警惕和注意,最终找到罪犯。

然而,这种面部素描可不是那么容易画出来的,会这个本事的人也不多,他们通常被称为法医艺术家(Forensic and Portrait Artist)。

法医素描

要成为一名法医素描画家,需要具备哪些技能呢?扎实的画功当然是不可或缺的。事实上,由于法医领域并未专门开设这一专业,许多从事法医素描的人员都是画班出身。

当然,仅会画画还是远远不够的。在传统的素描中,模特会端坐在画师面前,几小时一动不动。但是对于法医素描画家来说,嫌犯可不会端坐在面前。这时,你的对照物只是目击者的寥寥数词,而且还不一定准确。

此时，想象力和经验就非常重要。好的法医素描，嫌疑犯面孔上主要特征跟真人会吻合得八九不离十；也有差得很远的素描，像是把胖子画成瘦子，或者秃头的罪犯画成头发茂密的。

打开记忆的盒子

素描差异大，并不是因为画画的法医技术不好，而是他们未从目击者或受害者那里拿到足够的有效信息——这也正是从事法医素描的挑战之一。

根据骨骼进行面部重构时，法医人类学家只需面对一堆白骨，埋头闷干，凭着专业技能就能恢复出白骨上的那张脸。而法医素描画家呢，只闷不吭声地干活是不行的，首先需要和人交流，并且他们面对的都是紧张的、恐慌的受害者或目击者，这些人要么被吓"傻"了，说话语无伦次，或者干脆闭口不言，甚至态度恶劣、拒不合作。

这就要求法医素描画家除了有高超的画技外，还要有出色的交流能力和心理技巧。亲历犯罪情景会给证人留下严重的创伤，而自我保护机制会将这一段记忆"封存"起来，极端情况下甚至会忘掉。法医素描画家要做的就是将这一段记忆解冻，使证人回忆起罪犯的样子。他们会和证人闲聊，使对方尽量放松，然后问一些简单的选择题，比如，罪犯是男是女？白人还是黑人？眼睛是蓝色的还是褐色的？发际线是高还是低？

许多时候,证人会不记得眼耳鼻这些细节,此时可让他们想想,那个罪犯和其他人有没有什么相似的地方?凯伦·泰勒在一次科学节目中就谈到,许多时候,证人会说,那个罪犯让我想起某某人,这人可能是他们的熟人,也可能是公众人物。如果能拿到这样的信息,对于画素描大有裨益。

还有一些技巧需要注意,比如让证人坐在素描画家旁边,回忆的效果比坐在对面时更好。此外,有时一些探员会认定一个嫌疑犯,将该嫌犯的形象强加到证人脑海里,这点也是要尽量避免的。

数据库比对

聊完了天,作完了画,接下来要做的就是搜索疑犯照片库,期望找到素描上的那张脸。有许多人脸识别算法可以做这件事情,不过效果不怎么理想。

目前效果最好的要数密歇根州立大学工程系的"模式识别与图像处理"实验室开发的一套算法。他们采用的方法称为局部特征识别分析(local feature-based discriminant analysis,LFDA),同时提取素描和照片上的特征,构建矩阵向量,进行差异比较。

利用这套算法,他们将警方提供的一些法医素描和一个存有10159张疑犯照片的数据库进行了比较和检索。一些比较好的结果中,用素描检索后得分最高的那张照片正是素描上那个人。

进行数据库搜索时可以使用一些小技巧，比如如果确定素描上的是男人，就可以只检索数据库里的男人照片。除了性别，还能根据种族来分类检索，这样可大大提高效率和准确性。

不过这个系统不是“一键式”的，那在设置了性别和种族分类后，这套算法到底有多有效呢？据研究者统计，得分最高的那张照片正是素描上那个人，这种情况的比例是 18.37%。是不是突然觉得这个算法也是浪费钱的研究？别急，在 44.9%的情况下，得分前 50 的照片中一定会包括素描上那个人。尽管此时需要人工鉴别才能确定哪张照片可以对应素描，但相比人工搜索成百上千张照片，这已经大大减少了看瞎眼的可能。再者，考虑到素描上的人可能根本就没被数据库收录，这套算法还算是相当有效的。

尽管目前有一些软件可以完成素描作图过程，证人只需点击脸部各部分不同的描述选项就能组装出一副人脸，但与一个有经验的法医素描画家比起来，还是逊色许多。

模式

连环杀手的“死亡签名”

/馒头老妖/

在《电锯惊魂》系列电影中，电锯老头约翰会在尸体上割出拼图印记，代表他们缺少“求生本能”。不过并非所有人性泯灭的连环杀手都有这样明确的目的，他们总会想尽一切办法逃避法律的制裁，更别提留下独特标志了。但也许连他们自己都没想过，在一桩桩血案现场，他们也同样留下了自己的“个性签名”，而警方则会通过这些“签名”揪出幕后的凶手。

连环奸杀案

1990 年 1 月 12 日，美国加州圣地亚哥一个依山而建的漂亮住宅小区里，21 岁的蒂芙尼·舒尔茨(Tiffany Schultz)刚做完运动，穿着比基尼躺在自家公寓前的平台上，懒洋洋地享受着和煦的日光。此刻，是上午 9 点多钟。

午后，她的室友回到公寓时，被眼前的场面惊呆了：蒂芙尼躺在地上，早已没有了呼吸，整个遗体泡在一大滩血泊之中。尸检显示，她一共被刺了 47 刀，其中一半以上的伤口是在她左胸部位，脖子和右边大腿上也有伤，每一刀都插得非常之深，可见凶手下手之狠。

警方在案发现场并未找到有价值的线索，也没发现破门而入的迹象。警方甚至怀疑过她的男友，但随后排除了他的嫌疑。就在调查进行之中的时候，又有多人遇害……

不到一年的时间内，在这个街区附近以及其他地区，又有5名女性被残忍杀害。她们之中多为年轻女性，都死于刀伤，凶手还带走了属于受害者的珠宝等财产。警方在其中一个受害者珍妮·温霍尔德(Janene Weinhold)的遗体中发现了凶手的精液，同时还在其他现场发现了一系列的证据，凶手的真面目也即将浮出水面……

凶手的作案“签名”

一位受害者的朋友曾提到，当她们在游泳时，曾看到健身房里有一个可疑的黑人男子。警方随后调阅了这个健身俱乐部的签到名单，证实这名男子名叫希勒普斯·普林斯·基尔(Cleophus Prince Jr)。但他对警方的询问轻松作答，也拒绝提供其指纹，当时警方在没有证据的情况下只得让他大摇大摆地走了。随后不久，他搬离了那个小区，而残忍的谋杀案也转移到了其他的地方。

随后，警方对普林斯展开了调查。他的一位室友证实，曾在一次案发当晚看到希勒普斯在公寓中清洗一条带血的牛仔裤。而几位被袭击的妇女，与希勒普斯都是同一家健身俱乐部的会员；他所驾驶的一辆蓝灰色汽车与案件目击者提到的车子相似；几起案件中都有证人在案发前看到附近有黑人男子徘徊……

这些证据让警方下定了决心抓捕。1991 年 2 月，希勒普斯因涉嫌盗窃被警方扣押，采集血样和指纹后予以释放，他随即离开了当地。3 周后，姗姗来迟的 DNA 鉴定结果证明，他就是珍妮案的凶手，他随即被圣迭戈警方以涉嫌强奸和谋杀罪逮捕。

有了 DNA 的证据，警方很有把握能让希勒普斯在珍妮被奸杀案中定罪，并让他下半生待在监狱里；但对于其他 5 起案件，还缺乏足够的证据来指证罪犯，正义难以得到伸张。于是警方求助了两位 FBI 的犯罪心理画像专家：约翰 · 道格拉斯(John Douglas)和拉里 · 安克罗姆(Larry Ankrom)。

通过分析，两位探员认为，犯罪行为往往就体现了该人的内心性格，犯罪现场往往会留下他的个人印记，特别是一些并非犯罪所必需的手段、行为。对于那些惯犯而言，犯罪的手法也许会不断“进步”，但这些细微的细节却如同强迫症一般，是犯罪者很难抹掉的，特别是连环杀人案件，就像他们留在犯罪现场的个人签名(signature)一般独特。这种签名在犯罪心理侧写中也被称为“惯技”(Modus Operandi，经常缩写为 M. O.)。

具体到希勒普斯的案件，这两位专家发现了许多共同点：

案件要素	共同点	备注
受害人年龄	18~21 岁	45 岁的那位受害者看起来要比实际更年轻一些
受害人外貌特征	白种人，深色头发	
受害人衣着	上身赤裸，衣物被扯掉	
受伤部位	集中在胸部，脖子上也有	
伤口情况	很多刀口，刀口密集、较深	霍莉案因为被人发现而是例外，只被捅了一刀
其他伤痕	脸部有被抽打过的痕迹	
遗体姿势	仰面躺着，双腿分开	
作案凶器	在现场临时找的厨刀	
凶器处理	扔在案发现场	霍利案中被凶手逃走时带走
案发地点	前 3 名受害者住在同一小区	
案发现场位置	受害人的卧室	
作案时间	上午 10:00 到中午之间	
受害人共同爱好	前3名受害者去过同一家健身俱乐部	
窃走物品	珠宝（挂坠、戒指）	
进屋手段	门锁都没有暴力撬压痕迹	后确定为用信用卡捅开门锁
案发前行为	曾在案发现场外徘徊跟踪	

在这些共同点的基础上，道格拉斯探员判定，犯下这 6 桩案件的是同一个人，并勾勒出了这个人的一些特征，如身体健壮、童年时家庭分裂、曾在军队待过、可能有前科等。而这些恰好都与普林斯的履历完全吻合：他曾加入海军，但因盗窃被开除；他的父亲在他很小时就因谋杀、强奸等罪名多次入狱。

正义终于伸张

1993 年，对于普林斯的审判正式开始。在预审的听证会中，辩方的重点放在质疑两位探员的资历上，律师认为，两位探员都不是有资质的心理医师，因此不能对被告人作出心理分析。法庭采纳了这一意见，但同时判定，两位探员有着丰富的罪案调查经验，因此对犯罪现场勘验所得出的结论性证言是可以被接纳的。

最终，安克罗姆探员作为控方证人出庭，证明这 6 起案件具有相同的模式特征（经辩方律师申请，法庭禁止他使用“签名”一词，而用的是“pattern”），凭借其多年的探案经验，特别是对于连环杀手案件的分析，他认为这是同一个人所为。同时，通过 FBI 的资料库分析，符合上述主要特征（进门方式、伤口位置、案发时间段等）的凶杀案，全国也只有这 6 例。

在物证方面，法证人员在普林斯的公寓中搜到了一名受害者的蛋白石指环，并证实他所拥有的一双球鞋与另一个现场提取到的那枚足印能吻合，DNA 比对结果更是珍妮一案的铁证。

物证加上探员的分析，最终让陪审员作出了决定。1993 年 7 月 13 日，法庭判决，被告人希勒普斯・普林斯・基尔对 6 起谋杀、强奸、盗窃罪均承担责任，被判处死刑。

随后，希勒普斯上诉提出，应将本案异地审理，因为此案在圣迭戈已是人尽皆知，可能影响公正审判。这一上诉在 2007 年被加州高等法院驳回。

目前，希勒普斯还被羁押在圣昆廷（San Quentin）监狱。按照法律，他还有很长的时间来走完上诉、申请人身保护令等程序，但有罪的判决是很难被推翻的了。

尽管希勒普斯从未想过会在现场留下“个性签名”，但当他听从心中恶念的召唤而犯罪时，也许就注定了他的一举一动都必定会带有魔鬼的印迹，而这些签名也成了名副其实的“死亡签名”。

“解剖”乔布斯

/Kenny/

2012年2月9日，美国联邦调查局(FBI)公布了一份1991年的背景调查报告，调查对象是当时正在NeXT电脑公司任职的史蒂夫·乔布斯(Steve Jobs)。之所以对乔布斯进行背景调查，是因为当时的乔治·布什政府希望让乔布斯担任出口委员会顾问。根据美国《自由信息法案》，在乔布斯去世后，这些文件公之于世。

其实这个共计191页的报告并没有什么特别惊人的内容，其中绝大多数“亮点”基本上也已经在《乔布斯传》中提到。不过我们可以借这份报告，来了解一下FBI是如何对一个普通人进行“背景调查”的。

步骤一：调查问卷

这份报告的第8～24页，是一份由乔布斯本人填写的《敏感职位调查问卷》(*Questionnaire for Sensitive Positions-Standard Form* 86)。在问卷中除了基本的个人信息、家庭信息之外，还有一些关于兵役、犯罪记录以及工作情况的问题。

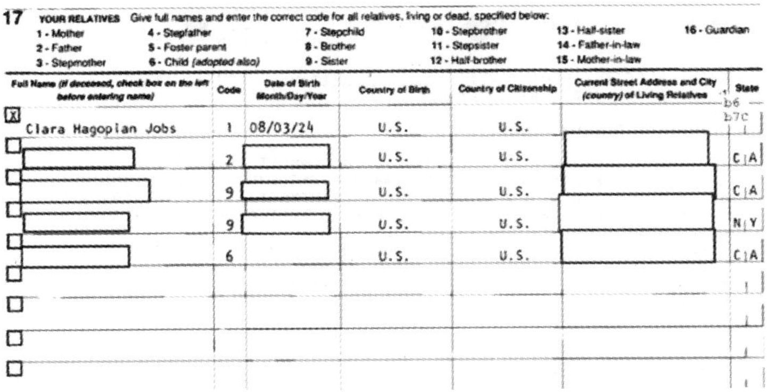

17 YOUR RELATIVES Give full names and enter the correct code for all relatives, living or dead, specified below:

1 - Mother　4 - Stepfather　7 - Stepchild　10 - Stepbrother　13 - Half-sister　16 - Guardian
2 - Father　5 - Foster parent　8 - Brother　11 - Stepsister　14 - Father-in-law
3 - Stepmother　6 - Child *(adopted also)*　9 - Sister　12 - Half-brother　15 - Mother-in-law

Full Name *(If deceased, check box on the left before entering name)*	Code	Date of Birth Month/Day/Year	Country of Birth	Country of Citizenship	Current Street Address and City *(country)* of Living Relatives	State
[X] Clara Hagopian Jobs	1	08/03/24	U.S.	U.S.		
[ ] [redacted]	2	[redacted]	U.S.	U.S.	[redacted]	CA
[ ] [redacted]	9	[redacted]	U.S.	U.S.	[redacted]	CA
[ ] [redacted]	9	[redacted]	U.S.	U.S.	[redacted]	NY
[ ] [redacted]	6		U.S.	U.S.	[redacted]	CA
[ ]						
[ ]						
[ ]						
[ ]						

b6
b7C

亲戚调查页面

在问卷的第 12 页亲属调查中，除了他的已故母亲以外，其他人的名字都已经被涂掉。不过我们可以从“关系代码”一项中看到，乔布斯并没有把自己的生父生母写入表格，也并没有将母亲的关系填为“养父母”。

在第 14 页的工作状况中，乔布斯选择了“因为不理想的环境或其他原因”离开了苹果。最后，乔布斯签署了允许美国政府公布个人信息的协议。

步骤二：数据库调查

FBI 背景调查的下一个步骤就是在各种数据库中核查跟乔布斯有关的一切信息，这其中包括美国国家犯罪信息中心（NCIC，26 页）、电子信息监控管理系统（ELSUR，30 页）、司法部（DOJ，144 页）、特勤局（Secret Service，145 页）、银行记录等。

NCIC CHECK ROOM 1328 L153, ATTN: [redacted]
WANTED & CCH FILES

FROM: SPECIAL INQUIRY UNIT, DIV 6, RM 4371, TL114
EXT: 2587 ATTN: PSS [redacted]

SUBJECT: STEVEN PAUL JOBS BUDED: 03/07/91

THE BUREAU HAS BEEN REQUESTED TO CONDUCT AN EXPEDITE BACKGROUND INVESTIGATION OF THE ABOVE-CAPTIONED SUBJECT, WHO IS BEING CONSIDERED FOR PRESIDENTIAL APPOINTMENT. YOU ARE REQUESTED TO CHECK APPROPRIATE INDICES BASED UPON AVAILABLE INFORMATION CONCERNING SUBJECT, EMPLOYMENT, AND ALL CLOSE RELATIVES. IT IS REQUESTED THAT THE RESULTS OF YOUR CHECK, WHETHER POSITIVE OR NEGATIVE, BE INDICATED IN THE SPACES PROVIDED BELOW, AND RELAYED TO THE SPECIAL INQUIRY UNIT, RM 4371, VIA ROUTING SLIP MARKED 'URGENT'.

SUBJECT IS DESCRIBED AS FOLLOWS:
RESULT NAME: STEVEN PAUL JOBS
DOB: 02/24/55
POB: SAN FRANCISCO, CA
SSAN: 549-94-3295
neg CURRENT ADDRESS: [redacted]
EMPLOYMENT: NEXT, INC
900 CHESAPEAKE DR REDWOOD CITY, CA 94063

FBI 向 NCIC 的调查申请

当然,这些数据库中都没有乔布斯的犯罪记录,每一次调查的申请和回执都在报告中可见。值得一提的是,FBI 还向白宫求证乔布斯是否已经在白宫任职(143 页),这看起来实在是多此一举……

步骤三:社会关系调查

FBI 对乔布斯进行的社会关系调查主要分为:1. 对乔布斯本人的访谈;2. 对乔布斯的熟人和朋友的调查;3. 对乔布斯工作单位的调查;4. 对乔布斯邻居的调查。每一项调查都是以访谈的形式进行,并且占据了这份报告的主体。

调查报告中乔布斯基本上被称为“被提名人”(appointee)。根据每一个访谈的具体内容,可以看出 FBI 主要针对以下几个问题进行了提问和调查：

- 乔布斯的个人情况，包括性格等。

- 乔布斯的工作状况以及他的工作状态。

- 乔布斯的吸毒史。（每个被访者都被问到是否知道乔布斯曾吸食过大麻或 LSD）

- 乔布斯是否在某些问题上有偏见和歧视，比如种族问题、性别问题等。

- 你觉得美国政府是否可以信任乔布斯，并让他担任要职？

报告的“精华版”主要集中在第 39～48 页，这里有大概 7 个访谈的核心内容。基本上，绝大多数的受访者都认为乔布斯是一名十分聪明、成功的领袖，绝大多数人并不知道乔布斯曾经吸食过大麻和 LSD，他的邻居还说到乔布斯在入住以后曾特意询问过自家的景观会不会挡住邻居的视线（第 85 页）。

不过也并不全是溢美之词，在第 53 页的一份访谈中，受访者的名字已经被抹去，但根据一些细节来看，他应该是乔布斯在苹果公司的创业伙伴。在访谈中，受访者认为乔布斯“并不诚实”，并且“不惜通过歪曲事实来达到自己的目的”。他还举了一个例子，不过被 FBI 抹掉了。随后，这位受访者还提到乔布斯在大学时“肆意吸食大麻和 LSD”，不过他本人并没有亲眼见到过。他还指出，乔布斯一开始并没有赡养自己的前女友和私生女，不过现在已经开始重新赡养了。最后，他认为尽管他和乔布斯不是朋友，但他仍然认为乔布斯适合在政府中任职。

On March 11, 1991, [redacted] was contacted at his employment at [redacted] located at [redacted] California. He was advised as to the nature of the investigation and voluntarily advised as follows, however, did not request confidentiality.

[redacted]

He described the Appointee as an individual who was not totally forthright and honest and has a tendency to distort reality in order to achieve his goals. He offered a comparison in that he [redacted] has high ethical standards and does business with people using this standard, however, the Appointee will twist the truth in order to achieve whatever goal he has set for himself. He therefore considered the Appointee to be a deceptive person.

He provided an example of this deceptive characteristic of the Appointee. [redacted]

he had heard reports from mutual friends and also an admission by the Appointee that he freely used illicit drugs while in College, to include marijuana and LSD. He never actually observed the Appointee use any drugs or consume alcohol to excess.

被访者认为乔布斯“并不诚实”

在第55页，另一位受访者称乔布斯的“品德有问题”(his moral character is suspect)，并且自己“已经不再和乔布斯是朋友”。因为当时乔布斯并没有按约给他提供苹果的股权，而这本来会让他十分富有。同时他还指出乔布斯为了达成自己的目的疏远了许多人，以及他有私生女这个事实。但他也同样认为乔布斯适合在政府中任职。

在第64页，另一位应该是苹果公司的员工称，乔布斯的生活方式在他参加了一些“东方或/和印度的神秘主义宗教”(应该是指禅宗)后发生了很大变化,并开始过着一种“斯巴达式”的生活。同时他还指出,乔布斯并不是一名真正意义上的工程师,而是科技社群的“革新力量”。

麻烦的 FBI

在看过了全部 191 页报告以后,我们基本上可以知道这所谓的“背景调查”是怎么做的了。在对被调查者进行第一轮调查后,FBI 还会通过“特殊需求”(special inquiry)进行补充调查(如 131 页对 IBM 的访谈)。

此外,报告还主要关注了当时正在进行的一场诉讼,是苹果公司起诉乔布斯的,有关当时麦金塔和丽萨之争。报告中附上了法庭记录,并多次指出本报告需要在上诉结束后才算正式完成(33 页)。

总之,FBI 的这份报告绝对可以用“事无巨细”来形容,他们对乔布斯的方方面面——包括出生证明、领养记录(78 页)、房产、教育经历、工作单位等——都单独跟相关部门进行了询问。

而且,看了真正的调查报告以后,才知道美剧里经常出现的“查查他的背景”是多不容易了。

审讯

“温柔地”打开你的口

/小耿/

说到酷刑，我们并不陌生。小时候听过的那些发生在“日本宪兵队”、“中美合作所”里的故事曾经让我们幼小的心灵饱受煎熬。时至今日，社会开化了，人类进步了，我们一厢情愿地认为那种野蛮人的审问方式已经被淘汰了，可是从关塔那摩曝光出的美军虐囚事件又在提醒我们酷刑并未绝迹。我们不禁要发出疑问：究竟有没有“文明”的审讯？现代科技能为审讯技术提供足够的改善吗？

测谎仪测的是什么？

测谎仪检测的是血压、脉搏、呼吸、皮肤电（紧张出汗时，皮肤电阻会发生细微变化）等生理指标。人在紧张时，上述生理指标会不由自主地产生起伏波动。测谎者正是根据被测者在回答什么问题时开始紧张，来推断他说谎的可能性。

测谎仪准不准，关键不在于机器本身，而在于问题设计得好不好，能不能深入被测者内心，激发他真实的心理反应，产生主观意识无法控制的生理变化。

被测者本身的心理素质和一些心理训练方法都会影响测谎结果,现实中测谎仪常常出现冤假错案。目前,测谎结果在很多国家都不能作为法庭证据使用,即使作为审讯手段也受到严格限制。

有一个测谎仪导致冤案的案例:在对一个杀人嫌疑犯的调查中,由于证据不足,警方使用了测谎仪,结果嫌疑人没有通过。警方在这一结果的引导下继续"严加审问",终于让嫌疑人忍受不住,屈打成招,判了死缓。后来真凶落网,冤案才得以昭雪。在这个案例中,测谎仪的结果虽然并没有作为法庭证据,但它引导了调查审问的方向,并且可能导致刑讯逼供。正是因为有这些潜在问题,测谎仪在刑事工作中的使用必须慎之又慎。

吐真剂真的有效吗?

现实中的所谓吐真剂,多是一些精神类药物,常见的有戊硫巴比妥钠、东莨菪碱、羟基安定等。大部分属于镇静剂,很多有致幻效果。

吐真剂的原理在于:当人的主观意识被镇静药物压抑时,防御心理会大大降低,更容易"打开话匣子"。而且,编造谎话是一种复杂的思维活动。当思维变得迟钝时,说谎能力也大大削弱。

但是吐真剂的效果并不可靠。实际使用中,吐真剂能够让人说很多话,但并不是只说真话,而是混杂着假话、胡话一起,效果并不比把人灌醉、"酒后吐真言"的效果好多少。

更糟糕的是,吐真剂使人更容易受到提问者的暗示和引导,给出提问者"想要的"答案,而这样的答案往往是不真实的。再加上这些精神类药品大多会留下严重的后遗症,因而吐真剂在很多国家都被禁止在审讯中使用。

感觉剥夺能够用来审讯吗?

测谎仪和吐真剂试图不知不觉中将你掏出真话。如果它们做不到,审讯者也只好拿出最后手段:来人,大刑伺候!

刑讯尽管被大多数国家禁止,但在黑暗中一直存在和发展着。据说现在有一些高科技的刑讯手段,比起老虎凳、辣椒水要"人道"一些,比如感觉剥夺。

感觉剥夺原本是一种心理学实验,在《反恐 24 小时》里成了一种刑法,用在那些公子哥、大人物身上,似乎是一种"文明"的刑讯手段。

所谓感觉剥夺,就是让被试者暂时失去各种感官刺激。例如给他戴上眼罩剥夺视觉,戴上隔音耳机剥夺听觉,限制躯体活动剥夺触觉等。研究发现,处在这种条件下几个小时之后,人会开始焦躁、恐惧,思维能力下降,出现幻觉和妄想。如果用作刑讯手段,它可以从心理上折磨被审问者,借以逼问一些信息,只是看起来不那么血腥、残忍罢了。

现实中这种方法华而不实,效果远不如一种更简单的"睡眠剥夺"。只要连续几天不允许睡觉,人会极度渴望睡眠,产生头痛欲裂、眩晕恶心、幻觉等症状。长时间睡眠剥夺被定义为酷刑,但仍然被广泛使用着。

水刑是高科技的刑法吗?

在丹·布朗的作品《失落的密符》中，主人公被施以一种特殊的水刑：他被淹没在一种名为氧化氟碳的液体中，这种液体可以溶解高浓度的氧，人的肺部在充满这种液体之后仍可以“呼吸”其中的氧，不会被淹死。但由于主人公事先并不知道，即将淹死的恐惧使他在最后一刻将秘密和盘托出。

氧化氟碳这种“可以呼吸的液体”是真实存在的，一般用于早产儿的医疗、潜水（深潜时减缓水对肺部的压力）等用途。使用时也并不是把人淹在这种液体里，而是用特殊的仪器将液体导入肺部。把它用于审讯只是作者的想象，它的使用需要复杂的机械和医疗环境，实际并不可行。

现实中的“水刑”并没有这么高的技术含量，而只是将被审问者用毛巾蒙住口，往口鼻上浇水令人窒息，是一种十分痛苦和残忍的酷刑。美国中央情报局（CIA）审讯恐怖分子时曾经使用过这种刑法，后来被曝光引发轩然大波。

看来现代科技并不足以使审讯过程发生根本的变革，而要在世界范围内禁绝“酷刑”，就更加是一个任重道远的过程。

图书在版编目（CIP）数据

让一部分人先法医起来 / 果壳 Guokr.com 著 . —杭州：浙江大学出版社，2017.5
ISBN 978-7-308-16256-2

Ⅰ.①让… Ⅱ.①果… Ⅲ.①法医学—普及读物
Ⅳ.①D919-49

中国版本图书馆 CIP 数据核字（2016）第 236337 号

让一部分人先法医起来
果壳 Guokr.com 著

责任编辑 曲 静
责任校对 张一弛 王安安
出版发行 浙江大学出版社
（杭州市天目山路 148 号 邮政编码 310007）
（网址：http://www.zjupress.com）
排 版 杭州中大图文设计有限公司
印 刷 杭州钱江彩色印务有限公司
开 本 880mm×1230mm 1/32
印 张 9.25
字 数 182 千
版 印 次 2017 年 5 月第 1 版 2017 年 5 月第 1 次印刷
书 号 ISBN 978-7-308-16256-2
定 价 42.00 元

浙江大学出版社发行中心联系方式：0571—88925591；http://zjdxcbs.tmall.com